Jürgen Weber, Pascal Nevries, Christian Broser, Andreas Linnenlücke und Erik Strauß

Zentrales und dezentrales Controlling

Herausgeber der Schriftenreihe: Prof. Dr. Dr. h.c. Jürgen Weber

Professor Dr. Dr. h.c. Jürgen Weber lehrt Controlling an der WHU – Otto Beisheim School of Management in Vallendar. Seine Devise ist: »Nichts ist so gut für die Praxis wie eine gute Theorie.« Jürgen Weber ist Herausgeber der *Zeitschrift für Controlling & Management*. Er ist Autor vieler Bücher, z. B. *Einführung in das Controlling*, und darüber hinaus einer der Gründungspartner der Managementberatung CTcon.

Dr. Pascal Nevries ist wissenschaftlicher Assistent am Institut für Management und Controlling (IMC) und Geschäftsführer des Center for Controlling and Management (CCM). Seine Forschungsschwerpunkte liegen in den Bereichen Controlling, insbesondere Strategisches Controlling sowie Finanzen & Controlling.

Dipl.-Wi.-Ing. Christian Broser (MBA), Dipl.-Kfm. Andreas Linnenlücke und Dipl.-Kfm. Erik Strauß sind wissenschaftliche Mitarbeiter am Center for Controlling and Management (CCM) des Instituts für Management und Controlling (IMC) an der WHU – Otto Beisheim School of Management.

Jürgen Weber, Pascal Nevries, Christian Broser,
Andreas Linnenlücke und Erik Strauß

Herausgeber der Schriftenreihe:
Prof. Dr. Dr. h.c. Jürgen Weber

Zentrales und dezentrales Controlling

Herausforderungen der täglichen Zusammenarbeit

Advanced Controlling, Band 65

WILEY-VCH Verlag GmbH & Co. KGaA

1. Auflage 2008

**Bibliografische Information
der Deutschen Nationalbibliothek**
Die Deutsche Nationalbibliothek verzeichnet diese Publikation in der Deutschen Nationalbibliografie; detaillierte bibliografische Daten sind im Internet über http://dnb.d-nb.de abrufbar.

Alle Bücher von Wiley-VCH werden sorgfältig erarbeitet. Dennoch übernehmen Autoren, Herausgeber und Verlag in keinem Fall, einschließlich des vorliegenden Werkes, für die Richtigkeit von Angaben, Hinweisen und Ratschlägen sowie für eventuelle Druckfehler irgendeine Haftung.

© 2008 WILEY-VCH Verlag GmbH & Co. KGaA, Weinheim

Alle Rechte, insbesondere die der Übersetzung in andere Sprachen, vorbehalten. Kein Teil dieses Buches darf ohne schriftliche Genehmigung des Verlages in irgendeiner Form – durch Fotokopie, Mikroverfilmung oder irgendein anderes Verfahren – reproduziert oder in eine von Maschinen, insbesondere von Datenverarbeitungsmaschinen, verwendbare Sprache übertragen oder übersetzt werden. Die Wiedergabe von Warenbezeichnungen, Handelsnamen oder sonstigen Kennzeichen in diesem Buch berechtigt nicht zu der Annahme, dass diese von jedermann frei benutzt werden dürfen. Vielmehr kann es sich auch dann um eingetragene Warenzeichen oder sonstige gesetzlich geschützte Kennzeichen handeln, wenn sie nicht eigens als solche markiert sind.

Gedruckt auf säurefreiem Papier.

Satz   Kühn & Weyh, Freiburg
Druck und Bindung   Ebner & Spiegel GmbH, Ulm
Umschlaggestaltung   init GmbH, Bielefeld
ISBN: 978-3-527-50414-5

Inhalt

Vorwort 7

1 Einleitung 9
Problemstellung 9
Controllingverständnis, Organisationsformen und Aufgabenprofile
als Basis der Zusammenarbeit 10
Lessons Learned 19

**2 Zusammenarbeit der Controllingabteilungen
in wichtigen Aufgabenfeldern** 21
Planung 22
Investition 26
Reporting 29
Lessons Learned 32

3 Erfolgsfaktoren für eine effektive Zusammenarbeit 33
Erfolgsfaktor Datenbasis: Controlling IT-Systeme 34
Erfolgsfaktor Standardisierung/klare Vorgaben: Richtlinien 43
Erfolgsfaktor Kommunikation: Controlling Community 52

4 Fazit 65

5 Literaturverzeichnis 67

6 Stichwortverzeichnis 69

In eigener Sache 71

Vorwort

Liebe Leser,

wir haben in dieser Schriftenreihe nun bereits über viele Jahre hinweg neue Themen aufgegriffen, Handlungsvorschläge entwickelt und Sie über neueste empirische Erkenntnisse informiert. Als Leser haben wir dabei immer »den« Controller vor Augen gehabt, unabhängig davon, ob er nahe der Geschäftsleitung oder draußen »vor Ort« im Werk arbeitet. Wir richten uns an die gesamte Controller-Community, »das Controlling« schlechthin. Controller helfen, das Management des Unternehmens zu unterstützen und damit das Unternehmensergebnis zu verbessern. Alle Controller ziehen dabei an einem Strang.

Je enger man in die Praxis eintaucht, desto mehr Beispiele sammelt man allerdings, die Zweifel an der allgemeinen Gültigkeit der gerade getroffenen Aussage nähren. Konflikte, wie wir sie als Controller häufig bei Managern beobachten, sind auch den Controllern nicht fremd. Controller auf unterschiedlichen Ebenen der Unternehmenshierarchie haben durchaus eigene, konträre Zielvorstellungen. Sie führen zuweilen Auseinandersetzungen, die sich als »Stellvertreterkriege« für ihre jeweiligen Manager einordnen lassen (»da schicke ich meinen Controller vor«). Zuweilen finden sich auch eigene Controllingkulturen in unterschiedlichen Bereichen von Großunternehmen.

Angesichts dieser für das Unternehmen wenig vorteilhaften Situation erscheint es uns wichtig, die Schnittstellen zwischen zentralem und dezentralem Controlling näher zu beleuchten. In den einschlägigen Lehrbüchern ist man hier schnell bei der Diskussion unterschiedlicher Organisationsmodelle für Controller angelangt (»Ist eine ›solid line‹ besser als eine ›dotted line‹, und wenn ja, mit welcher Zuordnung?«). Die organisatorische Zuordnung ist zwar wichtig, gibt aber lediglich einen gewissen Rahmen vor, der sehr unterschiedlich ausgefüllt werden kann. Welche Möglichkeiten dazu bestehen, werden wir in diesem Band der Schriftenreihe Advanced Controlling im Detail aufzeigen – von Richtlinien bis zum Aufbau einer Controller-Community.

Basis unserer Ausführungen ist – wie in vielen AC-Bänden in der Vergangenheit – die Arbeit im Center for Controlling & Management (CCM) an der WHU. In einem umfangreichen Benchmarking-Projekt haben wir uns im vergangenen Jahr genauer mit dem Thema »Zusammenarbeit zwischen zentralem und dezentralem Controlling« auseinandergesetzt. Den Unternehmen sei auch an dieser Stelle noch einmal herzlich für die bereitwillige und vertrauensvolle Zusammenarbeit gedankt. Sie ist die Basis dafür, einschlägige Erfahrungen einem breiten Kreis von Unternehmen in der Praxis zu vermitteln. Wir wünschen viel Spass beim Lesen!

Ihr
Jürgen Weber

1 Einleitung

Problemstellung

Die Stärke und Leistungsfähigkeit des Controllings hängt wesentlich davon ab, ob das individuelle Leistungspotenzial jedes einzelnen Mitarbeiters optimal ausgeschöpft wird und sich alle Mitarbeiter bestmöglich ergänzen. Heutzutage sehen sich Unternehmen zudem einer äußerst dynamischen Umwelt und immer kompetitiveren Märkten gegenüber. Das individuelle Wissen wird deshalb zunehmend wichtiger. Damit es jedoch optimal im Unternehmen genutzt werden kann, müssen alle Mitarbeiter – auch und vor allem im Controlling – unternehmensweit effizient zusammenarbeiten, das heißt alle Spezialisten mit ihren besonderen Fähigkeiten müssen wie ein gut funktionierendes Räderwerk ineinander greifen. Die Realität ist jedoch oftmals anders. Die zentrale Controllingabteilung ist durch ihre ganzheitliche Sichtweise auf Konzernebene kaum noch in der Lage, alle dezentralen Geschäftsfelder inhaltlich zu durchdringen. Deshalb sind sie auf eine reibungslose Zusammenarbeit mit den dezentralen Einheiten angewiesen, benötigen deren Informationen und operatives Wissen. Dementsprechend sollte man meinen, dass die Zusammenarbeit zwischen diesen Abteilungen systematisch verläuft, klare Aufgabenprofile und -teilung vorherrschen sowie jeder weiß, was er/sie genau zu tun hat. Leider zeichnet sich in der Praxis ein anderes Bild ab. Oftmals besteht kein gegenseitiges Verständnis für die Aufgaben des anderen und deren Herausforderungen in der täglichen (Zusammen-)Arbeit. Dies hat zur Folge, dass es zu Doppelarbeiten, Bereichsegoismen und ineffizienten Arbeitsabläufen kommt, was die Unterstützung und Rationalitätssicherung der Führung gefährdet.

Wie kann nun das Controlling des Unternehmens diesen Herausforderungen begegnen? Wie können Controllingabteilungen besser zusammenarbeiten? Welche Rolle nimmt das zentrale Controlling, welche das dezentrale Controlling dabei ein? Führt die Aufgabenaufteilung tatsächlich zu Abstimmungsschwierigkeiten? Wenn ja, wo treten diese besonders häufig auf? Und vor allem: Welche Erfolgsfaktoren existieren, um die Leistungsfähigkeit des Controllings voll ausschöpfen zu können? Im vorliegenden AC-Band wollen wir diesen Fragen auf Basis von Daten einer empirischen Studie nachgehen und erarbeiten hierzu Lösungsvorschläge, durch die die Erfolgsfaktoren realisiert werden kön-

Ein einheitliches Controllingverständnis bildet die Voraussetzung für eine gute Zusammenarbeit

Zentrales und dezentrales Controlling tragen gemeinsam die Verantwortung für eine erfolgreiche Zusammenarbeit

nen. Es hat sich gezeigt, dass die meisten relativ einfach und schnell umsetzbar sind – wenn man sie kennt. Und obwohl bei den deutschen Großkonzernen, die das Datenmaterial für die empirische Untersuchung geliefert haben, bereits viele Maßnahmen erfolgreich praktiziert werden, zeigten sich auch hier noch Verbesserungspotenziale für eine optimal funktionierende »Controlling Community«.

Bei den Großkonzernen handelt es sich um neun im DAX30 notierte Aktiengesellschaften sowie zwei weitere, ebenfalls international agierende deutsche Großkonzerne mit weit mehr als fünf Milliarden Euro Umsatz. Hervorzuheben ist die hohe Nutzbarkeit der Ergebnisse über verschiedene Branchen hinweg, da die befragten Unternehmen in verschiedenen Branchen tätig sind. Zudem sind keine zwei Unternehmen in derselben Branche tätig. Dies führte bei den zahlreichen Gesprächen mit verschiedenen Unternehmensvertretern dazu, dass wir unabhängig von Konkurrenzdenken einen tiefen Einblick in deren umfassenden Erfahrungsschatz gewinnen konnten. Diesen haben wir dazu genutzt, um in den nächsten Kapiteln zunächst die Arbeitsteilung zwischen zentralem und dezentralem Controlling in den wichtigsten Arbeitsfeldern Planung, Investition und Reporting zu erfassen und zu analysieren, an welchen Stellen es zu besonders starken Abstimmungsschwierigkeiten, aber auch zu einer besonders guten Zusammenarbeit kommt (Kapitel 2). Aus diesen Erkenntnissen werden in Kapitel 3 die wichtigsten Erfolgsfaktoren abgeleitet. Für jeden Erfolgsfaktor zeigen wir ein umfangreiches Bündel an praxiserprobten, zumeist einfach umsetzbaren und sehr wirkungsvollen Maßnahmen, die maßgeblich zu einer erfolgreichen Controllingarbeit beitragen.

Controllingverständnis, Organisationsformen und Aufgabenprofile als Basis der Zusammenarbeit

Das Controllingverständnis ist die Basis, auf der die Controller ihre täglichen Aufgaben wahrnehmen; dieses Verständnis beeinflusst dadurch auch ihr tägliches Handeln: Ein einheitliches Controllingverständnis bildet die Voraussetzung für eine gute Zusammenarbeit.

Insgesamt lassen sich vier Aufgabenkategorien unterscheiden (woraus sich die Controllingkonzeptionen induktiv ableiten lassen): Informationsversorgung, Planung und Kontrolle, Koordination, Rationalitätssicherung. Je nach Rahmenbedingungen und Hierarchieebene der Controllingabteilung können diese vier Kategorien unterschiedliche Teilaufgaben umfassen und insgesamt gesehen an Bedeutung variieren. Während das Konzerncontrolling beispielsweise eher Aufgaben koordiniert, übernehmen dezentrale Einheiten eher Aufgaben als Informationsversorger. Die unterschiedlichen Ausprägungen der Aufgabenkategorien müssen aber nicht zwangsläufig mit einem unterschiedlichen Controllingverständnis einhergehen. Teilaufgaben und Aufgabenkategorien lassen sich zwar unterschiedlichen Konzeptionen des Controllings zuweisen – jedoch nicht überschneidungsfrei. So kann es beispielsweise sein, dass sowohl Konzerncontrolling als auch dezentrales Controlling das Controlling als Rationalitätssicherung der Führung verstehen, obwohl die eine Abteilung verstärkt Aufgaben als Koordinator und die andere eher als Informationsversorger wahrnimmt.

Um Klarheit über die verschiedenen Controllingkonzeptionen zu erhalten, werden diese im Folgenden kurz erläutert, bevor wir im nächsten Schritt die Ergebnisse unserer Befragung bezüglich des Controllingverständnisses präsentieren werden, da diese – wie bereits erwähnt – eine Grundvoraussetzung für die erfolgreiche Zusammenarbeit zwischen zentralem und dezentralem Controlling darstellen.

Controlling als Informationsversorgung (vergleiche Müller 1974; Link 1982):

Das Controlling dient dazu, Informationen zu beschaffen, aufzubereiten und bezüglich ihrer Anwendbarkeit zur Steuerung des Unternehmens zu überprüfen (vergleiche Heigl 1989).

Controlling als Planung und Kontrolle (vergleiche Krüger 1979; Siegwart 1986; Hahn 1987):

Beschreibt die konsequente Zielausrichtung des Unternehmens auf Basis einer ergebnisorientierten Planung sowie eine Überwachung der Plandaten durch Zielvereinbarungen und Zielerreichungsanalysen (vergleiche Hahn 1987).

Controlling als Koordination (vergleiche Horváth 1978; Küpper 1987):

Aus dieser Perspektive dient das Controlling dazu, die unterschiedlichen Führungsteilsysteme eines Unternehmens aufeinander abzustimmen.

Controlling als Rationalitätssicherung der Führung (vergleiche Weber/Schäffer 1999):

Controlling stellt hierbei eine Führungsunterstützungsfunktion dar. Die Übernahme von Informations-, Planungs-, Kontroll- und Koordinationsaufgaben wird dabei mit eingeschlossen und um die Notwendigkeit des frühzeitigen Erkennens, Verminderns und Beseitigens von Rationalitätsdefiziten erweitert.

Controllingverständnis von Konzern- und SGE-Controlling

Die vier vorgestellten Controllingsichtweisen wurden im Rahmen des Forschungsprojektes erhoben. Die weitestgehend identischen Mittelwerte für das Konzerncontrolling und das Controlling der strategischen Geschäftseinheiten (SGE) in Abbildung 1 zeigen, dass in den jeweiligen Unternehmen ein homogenes Controllingverständnis von zentral bis dezentral vorherrscht.

Alle vier Controllingverständnisse finden im Kreis der befragten Unternehmen eine hohe Zustimmung (niedrigster Mittelwert: 4,3). Dabei sticht die Sichtweise des Controllings als Informationsversorgung mit einem Durchschnittswert von 5,0 beziehungsweise 4,9 leicht hervor.

Die im Rahmen einer weiteren empirischen Untersuchung, namentlich des WHU-Controllerpanels, gewonnenen Ergebnisse entsprechen im Wesentlichen denen unseres Forschungsprojektes (vergleiche Weber 2007). Einziger Unterschied ist die Einschätzung der Koordinationssicht, die beim Controllerpanel einen deutlich geringeren Zuspruch fand. Dieser Unterschied lässt sich allerdings durch das unterschiedliche Sample erklären. Bei unserer aktu-

Zentrales und dezentrales Controlling besitzen ein ähnliches Controllingverständnis

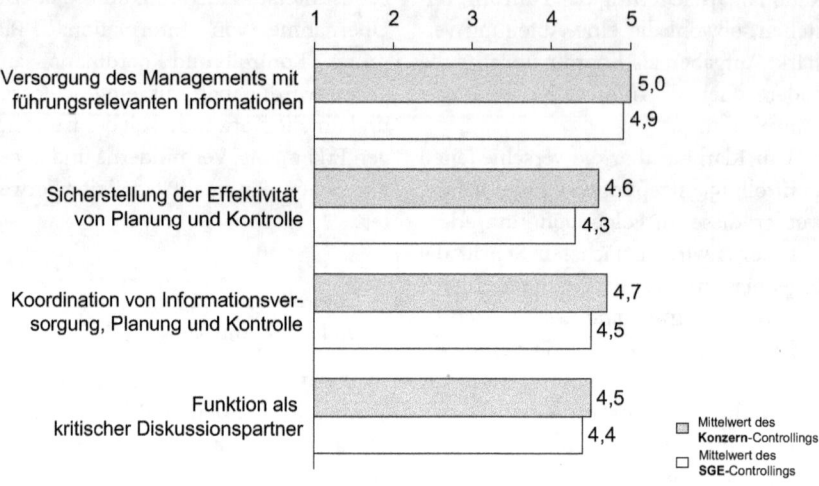

Abbildung 1: Controllingverständnisse von Konzern- und SGE-Controlling

Zentrale und dezentrale Controller nehmen ähnliche Rollen wahr

ellen Befragung nehmen im Vergleich zum Controllerpanel viele Konzerncontrollingleiter teil. Durch ihre hierarchische Stellung und die damit verbundene Verantwortung gegenüber der Gesamtgeschäftsleitung nehmen die Konzerncontrollingleiter mehr koordinierende Tätigkeiten wahr. Dies spiegelt sich selbstverständlich in ihren Antworten wider.

Ein ähnlich homogenes Bild bezüglich der Einschätzung zwischen Konzern- und SGE-Controlling zeigt sich bei den Controllerrollen. Controllerrollenbilder stellen eine Zusammenfassung derjenigen Controlleraufgaben dar, welche als wesentlich für die Zufriedenstellung der Ansprüche ihrer Manager gelten. Die im Rahmen der Untersuchung erhobenen Rollenbilder stellen auch im Vergleich zu anderen Studien die aktuellen und zukünftig zu erwartenden Anforderungen an Controller dar (vergleiche Weber et al. 2006).

Vergleicht man die Mittelwerte auf Konzern- und SGE-Ebene miteinander, so zeigt sich, dass die Einschätzungen der Controllerrollen auf beiden Ebenen prinzipiell identisch sind. Somit besitzen zentrales und dezentrales Controlling ein gleiches Verständnis über ihre Controllerrollen, so dass einer erfolgreichen Zusammenarbeit prinzipiell nichts im Wege stünde.

Klassische, positiv belegte Rollenbilder wie das »Ökonomische Gewissen« oder das des »Internen Beraters« finden auf Konzern- und SGE-Ebene am meisten Zuspruch. Deutlich geringer fällt hingegen der Zuspruch zu der unter Umständen leicht negativ besetzten Rolle des »Kontrolleurs« aus. Die dem Controlling in der Literatur nur vereinzelt zugewiesenen Rollen wie beispielsweise »Steuermann« und »Architekt« finden bei den befragten Unternehmen einen geringeren Zuspruch.

Beurteilung von »Trifft gar nicht zu« (1) bis »Trifft voll zu« (5)

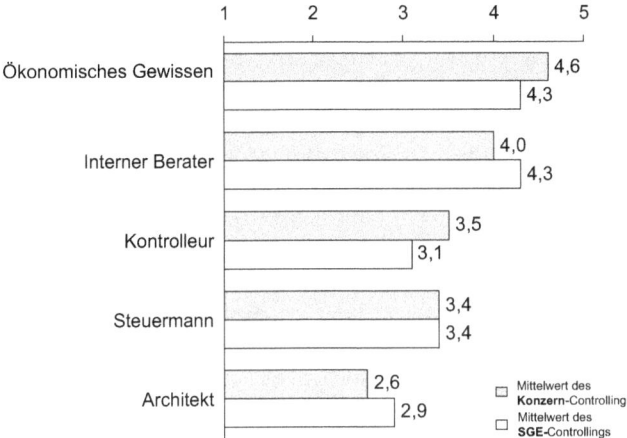

Abbildung 2: Grundsätzliche Controllerrollen

Die Ergebnisse einer Studie unter den Mitgliedern des Internationalen Controller Vereins (ICV) zeigen ein vergleichbares Bild (vergleiche Weber et al. 2006). Der einzige bedeutende Unterschied besteht darin, dass die Rolle des »Internen Beraters« im Vergleich zur Rolle des »Ökonomischen Gewissens« einen größeren Zuspruch fand.

Abschließend kann festgestellt werden, dass die einheitlichen Controllingverständnisse und Controllerrollen auf Konzern- wie auf SGE-Ebene eine solide Basis für die Zusammenarbeit innerhalb der befragten Unternehmen bilden. Ein homogenes Ideen- und Gedankengut (»Mindset«) ist vorhanden. Weitere Gestaltungsparameter des zentralen und dezentralen Controllings sind die Organisation und Richtlinien beziehungsweise Vorgaben, die in den nachfolgenden Abschnitten betrachtet werden.

Formen der organisationsbezogenen Unterstellung

Bei unserer Untersuchung der Unterstellung der dezentralen Controllingabteilungen anhand der zwei Dimensionen »fachliche« und »disziplinarische Weisungsbefugnis« können drei unterschiedliche Unterstellungsformen differenziert werden (vergleiche Weber/Schäffer 2006):

Bei der *zentralen Organisationsform* liegt die fachliche und disziplinarische Weisungsbefugnis über die dezentralen Controller beim Zentralcontrolling. Diese Form bietet die Möglichkeit der Etablierung einer »gemeinsamen« Sprache, birgt jedoch gleichzeitig die Gefahr, dass die dezentralen Controller in den strategischen Geschäftseinheiten als Fremdkörper wahrgenommen werden.

Bei der *dezentralen Organisationsform* sind die dezentralen Controller fachlich und disziplinarisch der Linie (zum Bei-

Vergleichbare Ergebnisse zeigen sich auch in einer Studie des Internationalen Controller Vereins (ICV)

Es gibt drei wesentliche Unterstellungsformen der Controllingabteilungen

Bei den untersuchten Unternehmen dominiert das »Dotted-Line«-Prinzip

spiel Bereichsleiter oder CFO) zugeteilt. Dies führt zu einer weitestgehenden Akzeptanz des dezentralen Controllings innerhalb der Linie. Gefahren ergeben sich jedoch durch einen eventuell entstehenden Bereichsegoismus, die Abkehr von einheitlichen Konzernstandards und die Gefährdung der Unabhängigkeit der dezentralen Controller.

Die »*Dotted-Line-Organisation*« als dritte Variante stellt eine Mischform beziehungsweise einen Kompromiss der ersten beiden Unterstellungsformen dar und ist durch eine Teilung der fachlichen und disziplinarischen Unterstellung gekennzeichnet. Sie wird als Regelfall in Großunternehmen postuliert und bietet die Möglichkeit, die Linienerfordernisse mit Controllingnotwendigkeiten zu verbinden (vergleiche Küpper et al. 1990). Allerdings kann die Doppelunterstellung zum Dauerkonflikt führen. Zudem ist die Objektivität der dezentralen Controllingabteilungen nicht immer gewährleistet.

Innerhalb der untersuchten Unternehmen existieren dezentrale Unterstellungsformen und die Unterstellung in Form der »Dotted-Line«, wobei letztere Organisationsform dominiert (vergleiche Abbildung 3).

Im Rahmen der Studie wurden Analysen durchgeführt, um die Auswirkungen der Unterstellungsform auf die Zusammenarbeit zwischen Konzern- und SGE-Controllingabteilungen zu untersuchen. Es konnten jedoch keine Unterschiede zwischen den Unternehmen identifiziert werden, die auf die Art der Unterstellung zurückgeführt werden können. Dies bedeutet, dass keine Unterstellungsform besser oder schlechter ist als eine andere. Wenn Sie die Unterstellungsform beurteilen, sollten Sie also immer den Unternehmenskontext berücksichtigen, da dieser offensichtlich

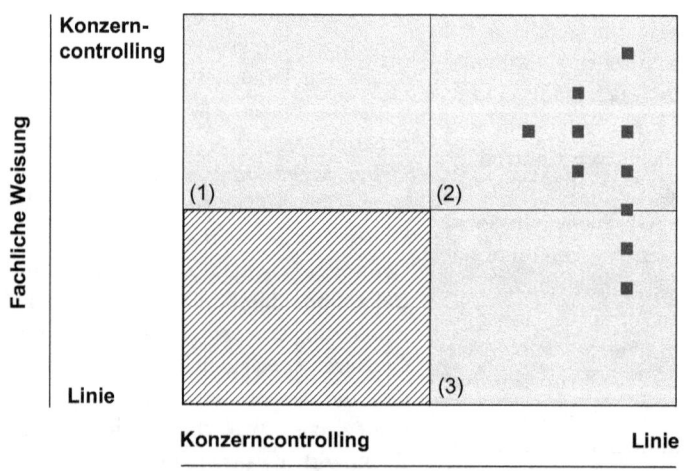

Abbildung 3: Weisungsbeziehungen zwischen Konzern- und SGE-Controlling

entscheidend dafür ist, ob die jeweilige Unterstellungsform für ein bestimmtes Unternehmen sinnvoll ist oder nicht.

Die Einflussfaktoren auf die Ausgestaltung der Aufbau- und Ablauforganisation wurden auf Konzernebene erhoben. Abbildung 4 gibt die fünf Einflussfaktoren wieder, die am meisten Zustimmung fanden.

Die Organisation des Konzerns hat nach Meinung der Konzerncontrollingabteilung den größten Einfluss auf die Ausgestaltung der Controllingorganisation (Mittelwert 4,6). Die geringe Spannbreite zeigt eine hohe Übereinstimmung innerhalb der Unternehmen in Bezug auf diesen Einflussfaktor. Bei den Faktoren »Bedeutung, die der CFO dem Controlling beimisst« und »Bedeutung des Controllings innerhalb des Konzerns« ist der Mittelwert etwas geringer (4,4 beziehungsweise 4), die Spannbreite hingegen etwas größer (2 beziehungsweise 3). Vergleichbare Aussagen gelten für die Konzernkultur.

Folglich haben auf der einen Seite »harte Faktoren«, wie die Organisation des Konzerns, Einfluss auf die Aufbau- und Ablauforganisation. Auf der anderen Seite sind jedoch auch »weiche Faktoren«, wie zum Beispiel das Standing des Controllings beim CFO, bedeutende Einflussfaktoren auf die Ausgestaltung der Ablauf- und Aufbauorganisation.

Betrachtet man die Ausgestaltung der Zusammenarbeit zwischen Konzern- und SGE-Controlling, zeigt sich ein heterogenes Bild. Hier wurden der Formalisierungsgrad und die Klarheit der Zusammenarbeit sowie die Effektivität der Regelungen erhoben. Das heißt im Einzelnen: Inwieweit sind die Verteilung von Aufgaben und Kompetenzen zwischen zentralem und dezentralem Controlling sowie die Abläufe von wichtigen Prozessen dokumentiert? Und

Sowohl harte als auch weiche Faktoren beeinflussen die Ablauf- und Aufbauorganisation des Controllings

Die Art und Weise der Zusammenarbeit wird von zentraler und dezentraler Seite ähnlich beurteilt

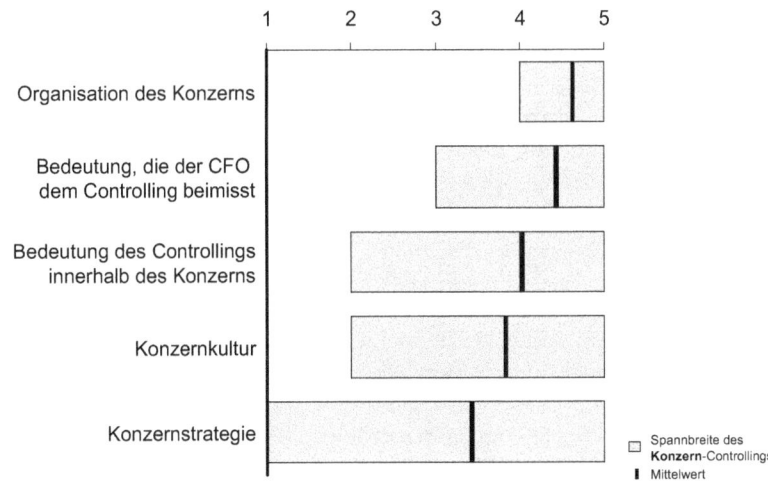

Abbildung 4: Einflussfaktoren auf die Ausgestaltung der Controllingorganisation

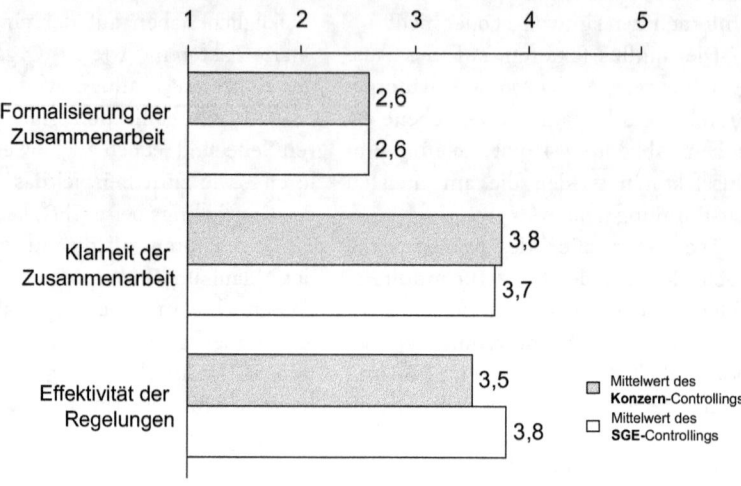

Abbildung 5: Ausgestaltung der Zusammenarbeit zwischen Konzern- und SGE-Controlling

auch wenn keine detaillierte Dokumentation vorliegt, existiert dann trotzdem ein klares Verständnis zu diesen Sachverhalten? Und werden diese explizit oder implizit vorhandenen »Regeln« weitgehend eingehalten? Konzern- und SGE-Controlling sind sich in ihrer Einschätzung dieser Gegebenheiten wiederum weitestgehend einig. Beide geben an, dass die Zusammenarbeit wenig formal, jedoch größtenteils klar und effektiv geregelt ist.

Dieses Ergebnis macht deutlich, dass neben den »harten« Faktoren einer Formalisierung (etwa durch Richtlinien und Vorgaben) auch andere Faktoren eine Rolle spielen müssen. Dazu kann eine entsprechende Systemlandschaft ebenso gehören wie die so genannten »weichen« Faktoren, also beispielsweise eine häufige und enge zentral-dezentrale Interaktion oder die Qualität persönlicher Kontakte. Nur so kann es gelingen, die Zusammenarbeit klar und effektiv zu gestalten. Diese Punkte werden uns durch die gesamte Analyse begleiten und insbesondere in den Kapiteln 2 und 3 intensiv behandelt.

Aufgabenprofile

Ein weiterer Aspekt zur Gestaltung der Zusammenarbeit ist die Verteilung der Arbeitszeit auf einzelne Aufgaben beziehungsweise deren Aufteilung zwischen Konzern- und SGE-Ebene. Wie Sie in Abbildung 6 erkennen können, wird die Arbeitszeit auf Konzern- und auf SGE-Ebene im Wesentlichen gleich aufgeteilt.

Anteil der Arbeitszeit je Aufgabenfeld (%)

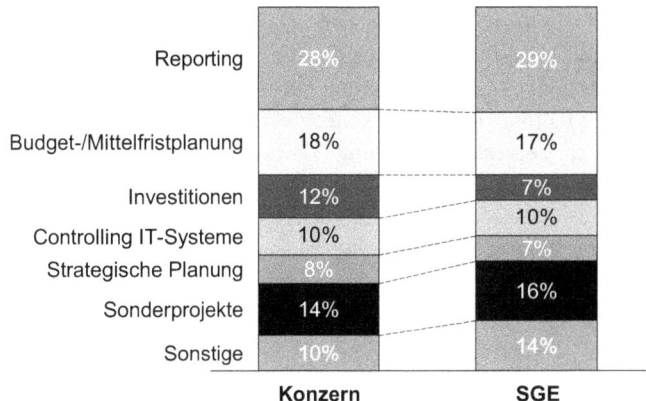

Abbildung 6: Aufteilung der Gesamtarbeitszeit nach Aufgaben

Die meiste Zeit wird auf die klassischen Aufgaben Reporting, Budget-/Mittelfristplanung und Investitionen verwendet. Die detaillierten Rollen und Aufgaben der Konzern- und SGE-Controllingabteilungen innerhalb dieser drei Kernaufgaben werden in Kapitel 2 betrachtet.

Der größte Unterschied in der Zeitaufteilung zwischen Konzern- und SGE-Controlling besteht beim Aufgabenkomplex »Investition«. Das liegt zu einem großen Teil daran, dass die Investitionsbearbeitung in einigen Fällen außerhalb der SGE-Controllingabteilung durchgeführt wird.

Weitere Unterschiede zwischen Konzern- und SGE-Ebene können im Bereich der sonstigen Aufgaben identifiziert werden. Auf beiden Ebenen wurden hierbei ähnliche Aufgaben wie zum Beispiel Wettbewerbsanalysen, Risiko-Controlling und Sonderanalysen genannt. Vermutlich wenden die SGE-Controllingabteilungen aufgrund ihrer Nähe zum operativen Geschäft für diese Aufgaben im Mittel mehr Zeit auf als das Konzerncontrolling.

Ein Vergleich mit den Ergebnissen des bereits erwähnten WHU-Controllerpanels bestätigt die obigen Erkenntnisse weitestgehend. Die einzige bedeutende Abweichung findet sich bei der Zeitaufteilung des Konzerncontrollings im Bereich Investition. Im Controllerpanel wird der Zeitanteil für den Bereich Investition im Mittel mit 7 % angegeben. Im Vergleich zu der Stichprobe der Panelstudie sind demnach die Konzerncontrollingabteilungen der befragten Unternehmen überdurchschnittlich stark mit Investitionsaufgaben betraut.

Auch wenn die Zeitaufteilung auf Konzern- und SGE-Ebene vergleichbar ist, gilt dies jedoch nicht für die bearbeiteten Inhalte. In der detaillierten Untersuchung wurde deutlich, dass das Konzerncontrolling eine konzernübergreifende und kapitalmarktorientierte Sichtweise einnimmt, wohingegen sich das

Reporting, Budget-/Mittelfristplanung und Projektarbeit sind die zeitintensivsten Controlleraufgaben

Diese Ergebnisse werden durch eine Studie im Rahmen des WHU-Controllerpanels bestätigt

SGE-Controlling auf das operative Geschäft konzentriert. Dieses Ergebnis überrascht nicht, da gerade die Erlangung einer detaillierten operativen Geschäftskenntnis der Sinn eines dezentralen Controllings ist. Im Rahmen der Studie wurde jedoch auch deutlich, dass diese unterschiedlichen Sichtweisen im Rahmen der täglichen Arbeit zu vermehrtem Abstimmungsbedarf führen können, auch wenn die unterschiedlichen Sichtweisen und Schwerpunkte beiden Parteien bekannt sind.

Das Konzerncontrolling verfolgt eher eine konzernübergreifende, das SGE-Controlling eher eine operative Sichtweise

Die stärkere operative Ausrichtung der SGE-Controllingabteilungen zeigt sich auch bei der operativen Produkt- und Branchenkenntnis (vergleiche Abbildung 7).

Hier wurden die Eigen- und Fremdsicht bezüglich des Vorhandenseins von detaillierter Produkt- und Branchenkenntnis auf Konzern- und SGE-Ebene abgefragt. Die Eigen- und Fremdeinschätzung des Konzerncontrollings zeigen dabei deutliche Unterschiede. Das Konzerncontrolling bewertet seine Kenntnisse mit 3,6. Das SGE-Controlling ordnet dem Konzerncontrolling hingegen eine niedrigere Produkt- und Branchenkenntnis zu. Auf SGE-Ebene sind Eigen- und Fremdsicht einheitlicher, wobei diesmal das Konzerncontrolling dem SGE-Controlling eine leicht höhere Produkt- und Branchenkenntnis zuspricht als das SGE-Controlling sich selbst.

Abschließend kann somit festgehalten werden, dass im SGE-Controlling erwartungsgemäß eine detailliertere Produkt- und Branchenkenntnis vorliegt als auf Konzernebene. Die SGE-Controllingabteilungen beurteilen die Produkt-

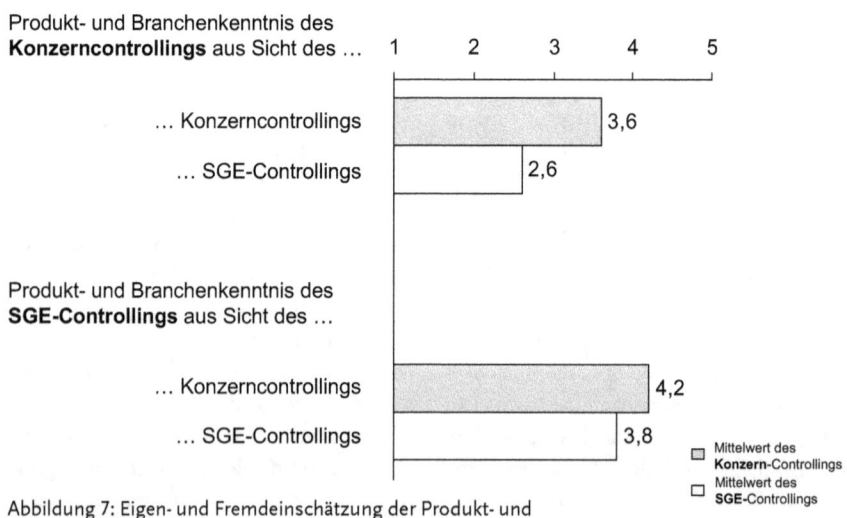

Abbildung 7: Eigen- und Fremdeinschätzung der Produkt- und Branchenkenntnis

und Branchenkenntnis des Konzerncontrollings dementsprechend als steigerungsfähig.

Eine möglichst hohe Produkt- und Branchenkenntnis ist aus zwei Gründen anzustreben. Zum einen ist sie für die Beurteilung des operativen Geschäftes nötig, und zum anderen schafft sie eine hohe Akzeptanz auf der Ebene der strategischen Geschäftseinheit. Instrumente zur Erhöhung der Produkt- und Branchenkenntnis werden in Kapitel 3 »Controlling Community« vorgestellt und diskutiert.

Lessons Learned

In jedem deutschen Großunternehmen existieren zentrale und dezentrale Controllingabteilungen – dies gilt zunehmend auch für mittelständische Unternehmen. Aufgrund der Aufgabenteilung stehen sie in ständiger Interaktion miteinander. Obwohl sich die Aufgabengebiete beziehungsweise die konkreten Aufgaben unterscheiden, besitzen sie ein gemeinsames Grundverständnis sowohl über die Funktion des Controllings als auch über die Rolle des Controllers. Beide Abteilungen versorgen primär das Management mit führungsrelevanten Informationen. Gleichzeitig sehen sie die Aufgabe des Controllings auch darin, die Effektivität der Planung und Kontrolle sicherzustellen und ihrem Management als kritischer Diskussionspartner zur Verfügung zu stehen. Zur Erfüllung dieser Funktionen üben zentrales und dezentrales Controlling nicht mehr »klassische« Controllerrollen wie die des reinen »Zahlenknechts« aus. Sie sehen sich vielmehr als ökonomisches Gewissen und interner Berater! Diese Orientierung spiegelt sich auch in der Dotted-Line als vorherrschende Organisationsform wider. Neben der Rolle des Controllings wird auch dessen Organisation durch die grundlegende Organisationsform des Gesamtkonzerns sowie das Standing des Controllings beim CFO beziehungsweise im Gesamtkonzern beeinflusst.

Die gemeinsame Basis aufgrund von sehr ähnlichen Controllingverständnissen beziehungsweise Controllerrollen zieht sich auch durch die Aufgabenprofile des zentralen und dezentralen Controllings. Neben Sonderprojekten beschäftigen sich beide Abteilungen hauptsächlich mit dem Reporting, der Budget-/Mittelfristplanung und Investitionen.

2 Zusammenarbeit der Controllingabteilungen in wichtigen Aufgabenfeldern

Arbeitsteilung führt in der Regel dazu, dass der Einzelne nicht mehr alle Aktivitäten überblicken kann. Die Leistung des Einzelnen kann aber nur dann dem Unternehmensziel dienlich sein, wenn andere Mitarbeiter ihm zuarbeiten und wenn derjenige selbst wiederum anderen Mitarbeitern zuarbeitet (vergleiche Kieser/Walgenbach 2003).

Kernproblem ist daher die Koordination der eigenen Mitarbeiter, um ein effektives und effizientes Zusammenarbeiten zu gewährleisten.

Wie Kieser/Walgenbach (2003) ausführen, ist die Standardisierung von Rollen eine Möglichkeit, um die Koordination zwischen organisatorischen Einheiten zu gewährleisten. Beispielsweise nehmen einige Mitarbeiter die Rolle des Entscheiders ein, andere wiederum die Rolle des Beraters. Durch diese Regelung der Koordination im Unternehmen können Sie die eigenen Mitarbeiter auf die Unternehmensziele ausrichten. Eine Möglichkeit, diese verschiedenen standardisierten Rollen im Rahmen der Leistungserstellung zu untergliedern, ist im folgenden Abschnitt beschrieben.

Für die vorliegende Studie wurde in Anlehnung an einen ähnlichen Code eines großen deutschen DAX-Unternehmens der NIBEA-Code zur Rollenbeschreibung der Controllingabteilungen entwickelt. Wir möchten Sie an dieser Stelle noch einmal explizit darauf hinweisen, dass im Folgenden nicht mehr die Rollenbilder aus Kapitel 1 genutzt werden, da diese jeweils eine Bündelung von Aufgaben darstellen. Zur detaillierten Analyse der Zusammenarbeit zwischen zentralem und dezentralem Controlling ist es vielmehr notwendig, dass wir Rollen nutzen, die auf Einzelaufgabenebene ausgeübt werden. Deshalb lauten mögliche Rollen von Mitarbeitern des Konzern- und SGE-Controllings wie folgt:

N: Nicht zutreffend (Die Controllingabteilung nimmt diese Aufgabe nicht wahr.)

I: Informationsrecht (Die Controllingabteilung hat das Recht, Informationen nachzufragen.)

B: Berater (Die Controllingabteilung berät ihren jeweiligen Ansprechpartner bei der Einzelaufgabe.)

E: Entscheider (Die Controllingabteilung trifft eigenverantwortlich Entscheidungen bei der jeweiligen Einzelaufgabe.)

A: Ausführender (Die Controllingabteilung führt die jeweilige Einzelaufgabe aktiv aus.)

Durch eine Standardisierung von Rollen können Sie die Koordination in Ihrem Unternehmen erleichtern

Die Rollen der Controller wurden für die wichtigsten Aufgabenfelder der täglichen Controllingarbeit Planung, Investition und Reporting detailliert ermittelt

Die Rollen je Mitarbeiter sind jedoch nicht endgültig und starr, sondern hängen stark von der jeweiligen Aufgabe ab. Deswegen wurden die wesentlichen Aufgabenfelder der Controller herangezogen und in Einzelaufgaben aufgeteilt, so dass für jede Tätigkeit separate Rollen ermittelt werden konnten.

Für jedes Themengebiet (Planung, Investition und Reporting) werden in den folgenden Abschnitten drei Fragestellungen untersucht:

Erstens, ob sich die Aufgabenprofile, also die Aufgaben, die die Controllingabteilungen in den Bereichen Planung, Investition und Reporting explizit wahrnehmen, zwischen Konzern- und SGE-Controlling inhaltlich unterscheiden. Zweitens, welche Rollen die Controllingabteilungen bei den einzelnen Aufgaben der täglichen Arbeit einnehmen und ob sich unterschiedliche Aufgaben beziehungsweise Aufgabenprofile auch in unterschiedlichen Rollen widerspiegeln.

Und drittens, wo Abstimmungsschwierigkeiten zwischen Konzern- und SGE-Controlling auftreten, welche Gründe diese Abstimmungsschwierigkeiten aus Sicht der Controllingabteilungen haben und ob dabei ein Zusammenhang zu den eingenommenen Rollen erkennbar ist. Dadurch soll deutlich werden, dass es Aufgaben(felder) gibt, bei denen die Kommunikation und Zusammenarbeit zwischen Konzern- und SGE-Controlling besonders effektiv verläuft beziehungsweise dass es auch bei bestimmten Aufgaben gehäuft zu Problemen in der Zusammenarbeit kommen kann. Eines sei an dieser Stelle schon vorweggenommen: Die Probleme der Zusammenarbeit hängen stark davon ab, welche Rolle die jeweiligen Controllingabteilungen bei der Erfüllung dieser Aufgaben einnehmen!

Abschließend erfolgt eine Prüfung der Untersuchungsergebnisse auf die Existenz genereller Erfolgsfaktoren für eine reibungslose Zusammenarbeit zwischen Konzern- und SGE-Controlling.

Planung

Für die Studie wurden die für die teilnehmenden Unternehmen wichtigsten Tätigkeiten in den Bereichen Planung, Investition und Reporting identifiziert und für jeden dieser Bereiche anschließend in Gruppen ähnlicher Aufgaben zusammengefasst. In jedem der drei Bereiche sind wir dabei identisch vorgegangen. Die erste Gruppe an Aufgaben enthält immer die eher gestaltenden Aufgaben (wie zum Beispiel die Festlegung von Prämissen) und die letzte Gruppe umfasst stets die eher operativen Aufgaben (wie zum Beispiel das Erstellen von Dokumenten).

Die Planungsaufgaben wurden dementsprechend in folgende Aufgabengebiete unterteilt: Planungsgestaltung, Ziele-/Prämissensetzung und Planungsprozessmanagement. Zu den Aufgaben der Planungsgestaltung zählen im Allgemeinen die Festlegung der Planungshorizonte oder auch die Festlegung der Planungsrichtlinien, wobei unter Planungsprozessmanagement Aufgaben wie Plausibilitätsprüfung oder auch Konsistenzprüfungen subsumiert werden.

Teilt man die von den Unternehmen im Rahmen der Untersuchung genannten Abstimmungsschwierigkeiten zwischen Konzern- und SGE-Controlling den gerade genannten Aufgabengebieten zu, so fällt deren Häufung bei operativen Aufgaben des Planungsprozessmanagements auf (vergleiche Abbildung 8).

Auf der anderen Seite werden aber auch die meisten positiven Nennungen für eine effektive Abstimmung im Bereich Planungsprozessmanagement genannt (vergleiche ebenfalls Abbildung 8). Um eine sinnvolle Aussage treffen zu können, welche Bereiche wirklich durch Abstimmungsschwierigkeiten geprägt sind, müssen die positiven und negativen Nennungen im Verhältnis zueinander betrachtet werden. Nur so lässt sich eine wirkliche Unterscheidung treffen, da es bei nahezu jeder Zusammenarbeit positive wie auch negative Aspekte gibt. Wichtig ist dieses Verhältnis der positiven und negativen Aspekte vor allem deshalb, weil nur so Felder der Zusammenarbeit identifiziert werden können, die sehr akuten Handlungsbedarf aufweisen. Aus diesem Grund wurde ein Quotient gebildet, der das Verhältnis von genannten Gründen für Abstimmungsschwierigkeiten zu genannten Gründen für eine effektive Abstimmung zwischen Konzern- und SGE-Controlling widerspiegelt. Beispielsweise könnten auf eine Aufgabe 30 % aller positiven Nennungen entfallen. Dies wäre zuerst ein Indikator für eine gut funktionierende Zusammenarbeit. Betrachtet man aber zusätzlich auch die Anzahl kritischer Äußerungen zu dieser Aufgabe – beispielsweise 50 % – so ergibt sich ein Quotient von 1,6. Ein Quotient von größer 1 würde auf einen Handlungsbedarf hindeuten, da hier eher negative Aspekte die Zusammenarbeit dominieren. Ein Quotient von kleiner 1 hingegen gibt an, dass die Zusammenarbeit in dieser Gruppe von Aufgaben positiv geprägt ist. Aufgrund der unterschiedlichen Häufung von Nennungen in den

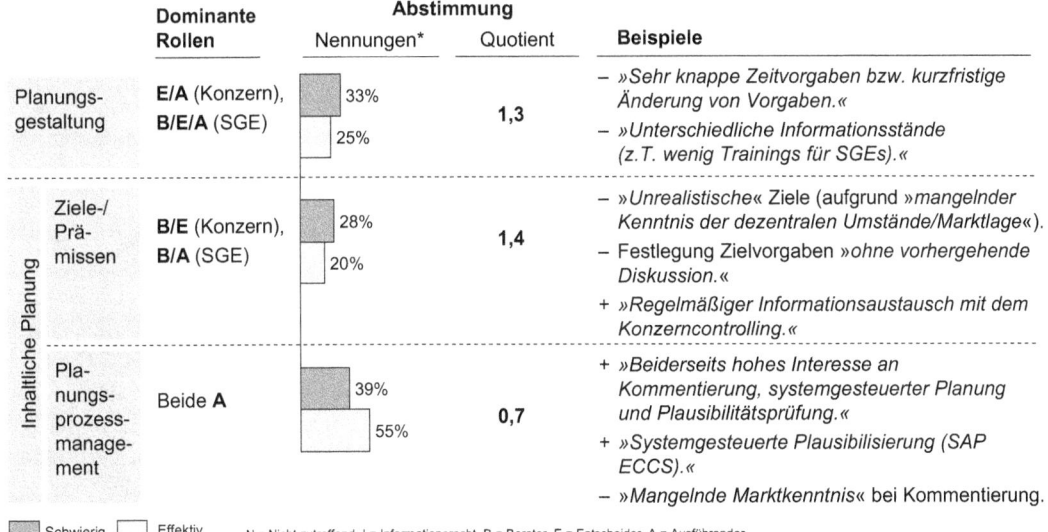

Abbildung 8: Abstimmungsschwierigkeiten und effektive Abstimmung im Rahmen der Planung

einzelnen Aufgabenbereichen soll dieser Quotient die relative Betrachtung ermöglichen und eine kompakte sowie schnelle Erfassung des Sachverhalts gewährleisten.

Der Quotient ist mit 0,7 im Bereich Planungsprozessmanagement kleiner 1. Dies weist darauf hin, dass hier die Gründe für eine effektive Abstimmung überwiegen. Bei Aufgaben der Planungsgestaltung ergibt sich ein Quotient von 1,3 und bei Aufgaben im Bereich Ziele- und Prämissenvorgabe ist ein Quotient von 1,4 ersichtlich. Somit zeigt sich, dass nur bei operativen Aufgaben der Planung, also dem Planungsprozessmanagement, die uns genannten Gründe für eine effektive Zusammenarbeit sowohl relativ als auch absolut gesehen überwiegen.

Als Beispiele beziehungsweise Gründe für Abstimmungsschwierigkeiten im Bereich Planungsgestaltung nennen die Controllingabteilungen knappe Zeitvorgaben für diverse Aufgaben, die ihnen zugeteilt werden, oder auch unterschiedliche Informationsstände.

Im Bereich Ziele- und Prämissenvorgaben werden »unrealistische Zielvorgaben« oder auch »top-down Zielvorgaben ohne Absprache« angeführt, was auch mit einer mangelnden Kommunikation zwischen den Controllingabteilungen einhergeht. Vielleicht kennen auch Sie die Situation, dass das Zentralcontrolling eine Zielvorgabe von 10 % für einen bestimmten Aspekt angibt, obwohl selbst optimistische Konkurrenten unter der gegebenen Marktsituation nur 6 % ansteuern und Sie dies bereits kommuniziert haben? Im Bereich Planungsprozessmanagement benennen die Controllingabteilungen als negativen Aspekt die »mangelnde Marktkenntnis« und als positiven beispielsweise die »gute systemseitige Unterstützung des Planungsprozesses«.

Doch warum treten die genannten Abstimmungsschwierigkeiten bei einigen Aufgabenfeldern stärker auf als bei anderen? Auf der Suche nach möglichen Hintergründen für die Häufung von Abstimmungsschwierigkeiten betrachten wir nachfolgend die eingangs erwähnten verschiedenen Rollen, die von den Mitarbeitern der Konzern- und SGE-Controllingabteilungen bei den Planungstätigkeiten eingenommen werden. Es kann vermutet werden, dass die Auswahl der Rollen (zum Beispiel Entscheider oder Berater) oder eine schlechte Abstimmung der Rollen Probleme hervorrufen. Doch zunächst soll der Frage nachgegangen werden, ob es je nach Aufgabenfeld dominierende Rollen gibt (siehe Abbildung 8).

Im Bereich Planungsgestaltung sehen sich sowohl das Konzern- als auch das SGE-Controlling in einer aktiven Rolle als Entscheider und Ausführender. Dass sich auch die SGE-Controllingabteilungen überwiegend in einer aktiven Rolle sehen, war in dieser Form aus theoretischer Sicht nicht zu erwarten. Im Zuge der Datenerhebung wurden die Interviewpartner diesbezüglich darauf hingewiesen, dass sie sich bei ihren Antworten nur auf die Zusammenarbeit zwischen Konzern- und SGE-Controlling fokussieren sollen. Probleme bei der Zusammenarbeit zwischen zwei dezentralen Controllingabteilungen wurden also nicht erhoben. Daher war bei den SGE-Controllingabteilungen eher eine beratende Rolle zu erwarten. Darüber hinaus geht aus der Unter-

Bei operativen Aufgaben der Planung überwiegt eine effektive Zusammenarbeit zwischen den Controllingabteilungen

Zusammenarbeit der Controllingabteilungen in wichtigen Aufgabenfeldern

suchung hervor, dass neben den aktiven Rollen »Entscheider« und »Ausführender« das SGE-Controlling teilweise auch in einer beratenden Funktion gegenüber dem Management und dem Konzerncontrolling agiert.

Ein Blick auf die »inhaltliche Planung« und damit die operativen Tätigkeiten, die den Aufgabenbereichen Ziele-/Prämissensetzung und Planungsprozessmanagement zugeordnet werden, vermittelt hingegen ein anderes Bild der Rollenverteilung.

Bei Aufgaben der Prämissensetzung und dem Setzen von Zielvorgaben sehen sich Konzern- und SGE-Controlling überwiegend in einer beratenden Funktion gegenüber dem Management. Des Weiteren zeigen die Ergebnisse, dass bei einigen Prämissen die Entscheidungskompetenz direkt beim Konzerncontrolling liegt.

Bei operativen Aufgaben im Rahmen des Planungsprozessmanagements, die sowohl das Konzern- als auch das SGE-Controlling betreffen, sehen sich beide Abteilungen klar in einer ausführenden Rolle.

Somit existiert bei der inhaltlichen Planung eine eindeutige Rollenverteilung zwischen Konzern- und SGE-Controlling. Im Rahmen der operativen Aufgaben der Planung nehmen die Controllingabteilungen entsprechend nicht mehrere Rollen gleichzeitig ein. Sowohl Konzern- als auch SGE-Controlling sind entweder Berater oder Ausführender.

Wenn wir rückblickend die bisherigen Ergebnisse zu den Häufungen von Abstimmungsschwierigkeiten bei einzelnen Aufgabenfeldern und den jeweils eingenommenen Rollen zusammenführen, ergibt sich eine interessante Erkenntnis (siehe Abbildung 9): Es zeigt

Bei operativen Aufgaben der Planung existiert eine eindeutige Rollenverteilung zwischen Konzern- und SGE-Controlling

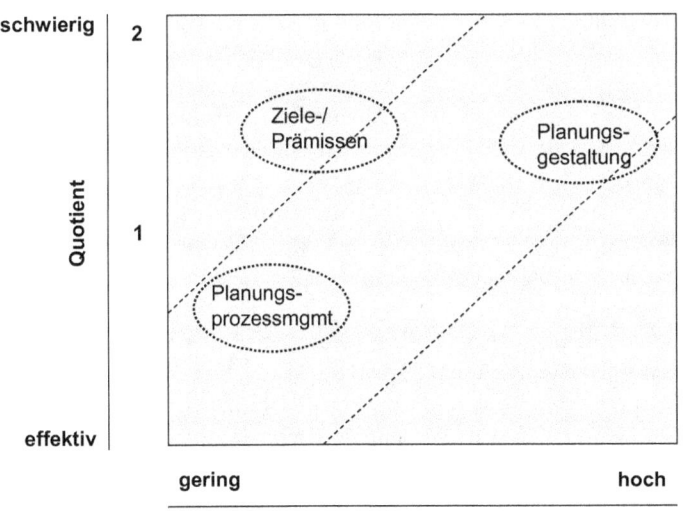

Abbildung 9: Abhängigkeit des Abstimmungsprozesses vom Rollenverständnis im Bereich Planung

sich, dass es umso häufiger zu Abstimmungsschwierigkeiten kommt, je mehr unterschiedliche Rollen Sie als Mitarbeiter der Controllingabteilungen gleichzeitig einnehmen, das heißt wenn Sie also zum Beispiel gleichzeitig Ausführender (A), Berater (B) und Entscheider (E) sind. Umgekehrt gilt entsprechend, dass ein eindeutiges Rollenverständnis, das heißt wenn Sie also zum Beispiel nur ein Informationsrecht (I) haben und damit nur eine einzige Rolle einnehmen, eher zu einer effektiven Zusammenarbeit zwischen den Controllingabteilungen führt.

Das bedeutet, dass ein klares und eindeutiges Rollenverständnis erheblich dabei hilft, eine bessere Abstimmung zwischen den Controllingabteilungen zu ermöglichen. Es zeigt sich außerdem, dass in den meisten Unternehmen dieses Ziel vor allem bei Tätigkeiten im Rahmen der Planungsgestaltung am weitesten verfehlt wird und hier der größte Handlungsbedarf besteht.

Investition

Wie in dem vorherigen Bereich Planung wird auch im Bereich Investition eine Unterteilung der anfallenden Aufgaben in folgende Aufgabengebiete vorgenommen (erneut sortiert von eher gestaltenden Aufgaben bis hin zu operativen Aufgaben): Investitionsprozessgestaltung, Investitionsantragsbearbeitung und Investitionskontrolle. Unter Investitionsprozessgestaltung fallen Aufgaben wie die Methodenbereitstellung oder auch die Erstellung einer Rechengrundlage. Die Investitionsantragsbearbeitung beinhaltet sowohl die Erstellung des eigentlichen Investitionsantrags als auch beispielsweise die Kommentierung von Investitionsanträgen. Schließlich werden unter Investitionskontrolle Aufgaben im Rahmen von Abweichungsanalysen zusammengefasst.

Die Identifikation von Abstimmungsschwierigkeiten zwischen Konzern- und SGE-Controlling im Bereich Investition zeigt, dass die meisten Gründe für Abstimmungsschwierigkeiten auf die Investitionsprozessgestaltung entfallen.

Auf der anderen Seite werden aber auch die meisten Gründe für eine effektive Abstimmung in diesem Bereich genannt. Um diese Aussagen über Gründe für Abstimmungsschwierigkeiten beziehungsweise effektive Abstimmungen im Verhältnis zu betrachten, wird wiederum ein Quotient gebildet.

Der Quotient ist mit 0,2 im Bereich Investitionskontrolle sehr niedrig, was auf eine überwiegend effektive Zusammenarbeit hindeutet. Bei Aufgaben der Investitionsantragsbearbeitung ergibt sich hingegen ein relativ hoher Quotient von 1,4, was die Dominanz von Abstimmungsschwierigkeiten anzeigt. Der Aufgabenbereich Investitionsprozessgestaltung hat dagegen einen Quotienten in Höhe von 1. Absolut gesehen sind sowohl für Abstimmungsschwierigkeiten als auch für effektive Abstimmung in dem Bereich Investitionsprozessgestaltung die meisten Nennungen angefallen, jedoch ist an den Häufigkeiten der Nennungen zu erkennen, dass sich diese die Waage halten und somit einen Quotienten in Höhe von 1 zur Folge haben. Dementsprechend ist die Zusammenarbeit in diesem Bereich weder ausschließlich positiv noch negativ geprägt.

Als Beispiele für Abstimmungsschwierigkeiten im Bereich Investitions-

Insbesondere die Investitionskontrolle ist gekennzeichnet durch eine effektive Zusammenarbeit der Controllingabteilungen

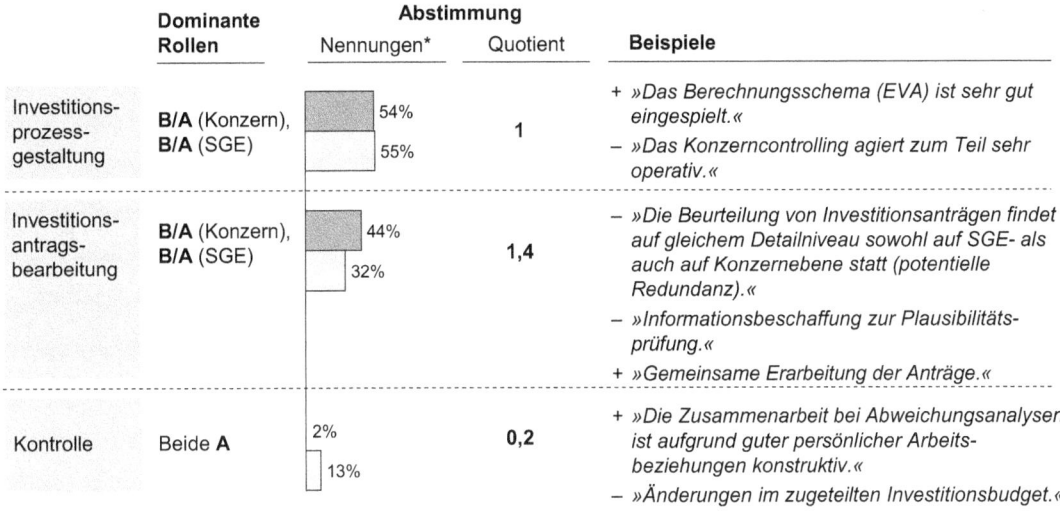

Abbildung 10: Abstimmungsschwierigkeiten und effektive Abstimmung im Bereich Investition

prozessgestaltung führen die SGE-Controllingabteilungen an, dass das Konzerncontrolling teilweise zu operativ agiert und es dadurch häufig zu Missverständnissen und Doppelarbeit kommt. Im Bereich Investitionsantragsbearbeitung werden beispielsweise Redundanzen bei der Beurteilung von Investitionsanträgen bemängelt, insbesondere, dass ein Investitionsantrag oftmals mehrere Genehmigungsinstanzen durchlaufen muss, von denen nicht immer alle sinnvoll und notwendig erscheinen. Im Bereich Investitionskontrolle heben die Controllingabteilungen positiv hervor, dass die Zusammenarbeit bei Abweichungsanalysen sehr konstruktiv verläuft.

Nachdem auch im Bereich Investition zu beobachten war, dass die von den Controllingabteilungen genannten Abstimmungsschwierigkeiten bei einigen Aufgabenfeldern stärker auftreten als bei anderen, begann erneut die Suche nach Gründen, die möglicherweise auch hier in Zusammenhang mit den Rollen der Controllingabteilungen bei der Ausführung der verschiedenen Aufgaben im Bereich Investition stehen.

Bei der Investitionsprozessgestaltung sehen sich beide Controllingabteilungen überwiegend sowohl als Ausführende als auch als Berater. Somit werden erneut mehrere Rollen simultan eingenommen.

Wie zu erwarten war, sieht sich das Konzerncontrolling bei Aufgaben im Rahmen der Formulierung und Aktualisierung von Investitionsrichtlinien in der Rolle des Entscheiders und Ausführenden. Das SGE-Controlling steht dabei beratend zur Seite. Darüber hinaus

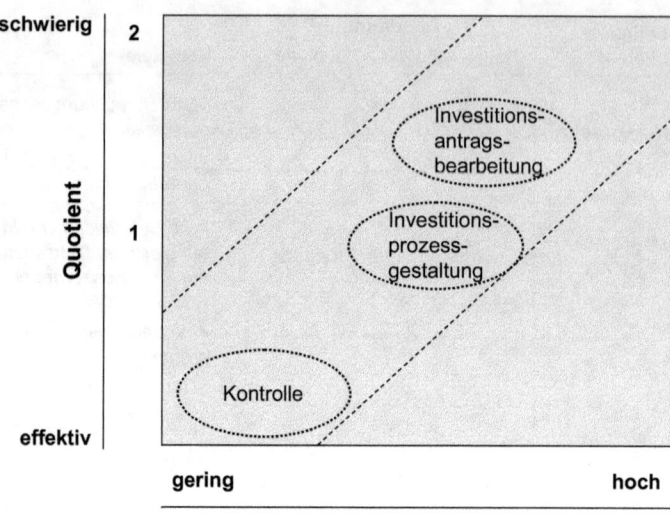

Abbildung 11: Abhängigkeit des Abstimmungsprozesses vom Rollenverständnis im Bereich Investition

Bei operativen Aufgaben im Bereich Investition existiert eine eindeutige Rollenverteilung

obliegt die Festlegung der Finanzmittelallokation dem Management und das Controlling nimmt eine beratende Rolle ein.

Im nächsten Schritt werden die operativen Aufgaben im Bereich Investition untersucht. Hierzu zählen die Aufgaben im Rahmen der Investitionsantragsbearbeitung und im Bereich Investitionskontrolle. Auffällig war an dieser Stelle, dass viele Controllingabteilungen bei der Aufgabe »Erstellung von Investitionsanträgen (für die SGEs)« mit »Nicht zutreffend« geantwortet haben. Einige Gründe, die uns hierfür genannt wurden, sind auf Konzernebene beispielsweise, dass die SGE-Investitionsanträge direkt vor Ort in den SGEs erstellt werden. Die SGE-Controllingabteilungen führen in diesem Zusammenhang an, dass teilweise ein operatives Investitionscontrolling existiert, das die Anträge erstellt und an das SGE-Controlling weiterleitet.

Insgesamt sehen sich beide Controllingabteilungen bei den eher operativen Aufgaben im Bereich Investition, wie zum Beispiel der Kontrolle von Investitionsanträgen, primär und fast ausschließlich in der Rolle des Ausführenden. Somit existiert eine eindeutige Rollenverteilung zwischen Konzern- und SGE-Controlling. Allein bei der Antragsplausibilisierung nehmen die Controllingabteilungen simultan zwei Rollen ein.

Den Zusammenhang zwischen der Güte der Zusammenarbeit, die durch den errechneten Quotienten wiedergegeben wird, und den jeweils eingenommenen Rollen pro Aufgabenblock verdeutlicht die Abbildung 11.

Man kann erneut sofort einen Zusammenhang zwischen Deckungsgleichheit der Rollen und dem Verhältnis von Abstimmungsschwierigkeiten zu effektiver Abstimmung zwischen Konzern- und SGE-Controlling erkennen. Insbesondere im Rahmen der Investitionskontrolle scheinen die Aufgaben beziehungsweise Rollen von Konzern- und SGE-Controlling klar definiert zu sein. Dadurch nehmen die Controllingabteilungen gezielt nur bestimmte Rollen ein, anstatt mehrere simultan auszufüllen. Dies verhindert Missverständnisse in der Kommunikation und Zusammenarbeit. Dieser Sachverhalt spiegelt sich auch in dem Quotient wieder, der durch seinen niedrigen Wert auf eine klare Dominanz von effektiver Zusammenarbeit zwischen Konzern- und SGE-Controlling hinweist.

Reporting

Auch im Bereich Reporting wurde analog zu den Bereichen Planung und Investition eine Unterteilung der Aufgaben vorgenommen. Die Unterteilung der anfallenden Reporting-Aufgaben in zwei Aufgabengebiete Reporting-Systemgestaltung und Reporting-Durchführung richtet sich dabei wieder nach der Logik von eher gestaltenden Aufgaben hin zu eher operativen Aufgaben.

Bei den Aufgaben im Rahmen der Reporting-Systemgestaltung handelt es sich um gestaltende Aufgaben wie zum Beispiel die Festlegung der Berichtsstrukturen oder auch die Anpassung des bestehenden Informations- und Berichtssystems. Unter Reporting-Durchführung werden alle operativen Aufgaben im Reporting zusammengefasst. Hierzu zählen beispielsweise die Durchführung von Sonderanalysen, die Datenbestandspflege von Stammdaten oder auch die Erstellung des eigenen Berichtanteils.

Die Identifikation von Abstimmungsschwierigkeiten zwischen Konzern- und SGE-Controlling im Reporting zeigt, dass die meisten Gründe für Abstimmungsschwierigkeiten auf die Reporting-Systemgestaltung entfallen. Die meisten Gründe für eine effektive Abstimmung werden von den Controllingabteilungen hingegen im Bereich der Reporting-Durchführung genannt. Um diese Aussagen wieder im Verhältnis betrachten zu können, erfolgt die Bildung der Quotienten für die Aufgabenbereiche des Reporting.

Auch im Bereich Reporting weisen die Quotienten mit 1,3 für die Systemgestaltung und 0,7 für die Reporting-Durchführung auf eine effektivere Zusammenarbeit bei eher operativen Aufgaben hin.

Als Beispiele für Abstimmungsschwierigkeiten im Bereich Reporting-Systemgestaltung führen die Controllingabteilungen an, dass inhaltliche Änderungen meist nicht früh genug kommuniziert werden oder auch dass Kennzahlendefinitionen nicht der Realität entsprechen und deshalb dezentral nicht genutzt werden. Im Bereich Reporting-Durchführung heben die Controllingabteilungen beispielsweise eine gute persönliche Zusammenarbeit hervor. Auf die besondere Rolle dieser persönlichen Zusammenarbeit und guter persönlicher Kontakte wird im Zusammenhang mit den Erfolgsfaktoren für eine effektive Zusammenarbeit (vergleiche Kapitel 3) noch näher eingegangen. Des Weiteren heben die Controllingabteilungen auch die Durchführung von Routineaufgaben positiv hervor, wohingegen

Die eigentliche Durchführung des Reporting ist durch eine effektive Zusammenarbeit der Controllingabteilungen geprägt

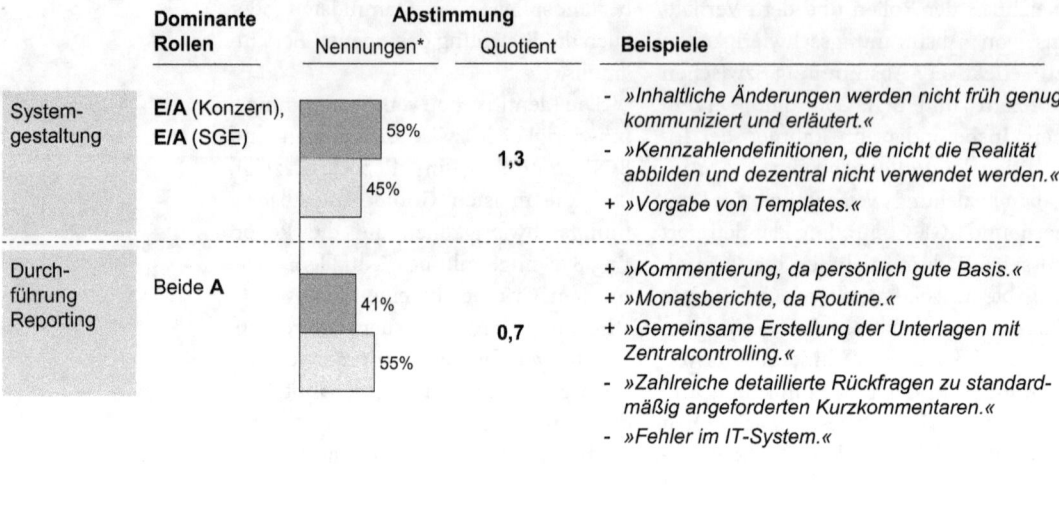

Abbildung 12: Abstimmungsschwierigkeiten und effektive Abstimmung im Reporting

sie Fehler im IT-System deutlich bemängeln.

Auch im Bereich Reporting ist es natürlich interessant zu untersuchen, ob die Gründe für die unterschiedliche Bewertung der Zusammenarbeit bei den eingenommenen Rollen von Konzern- und SGE-Controlling im Rahmen der Bearbeitung der Reporting-Aufgaben zu finden sind.

Bei der Reporting-Systemgestaltung sehen sich Konzern- und SGE-Controlling bei der Festlegung der Berichtsfrequenz gleichzeitig in den Rollen »Entscheider« und »Ausführender«. Diese Aufteilung lässt sich zum einen dadurch begründen, dass das SGE-Controlling aktiv auf die Festlegung der Berichtsfrequenz einwirkt. Zum anderen legt das Konzerncontrolling die Meilensteine und relevanten Daten fest.

Bemerkenswert sind zudem die ausgeübten Rollen bei der Ermittlung und Festlegung der Informationsempfänger auf SGE-Ebene. Größtenteils überlässt das Konzerncontrolling diese Aufgabe den SGEs. Jedoch finden sich auch Unternehmen, welche eine zentrale Vorgabe der Informationsempfänger bevorzugen.

Somit ist bei der Rollenverteilung im Bereich Reporting-Systemgestaltung eine Streuung der eingenommenen Rollen auffällig, da beide Abteilungen neben den dominanten Rollen E und A oftmals weitere Rollen wie Berater (B) und Informationsrecht (I) einnehmen. Jede Controllingabteilung übt also mehrere Rollen gleichzeitig aus, und dadurch kommt es zu Überschneidungen im Rollenverständnis zwischen Konzern- und SGE-Controlling.

Ein Blick auf die eigentliche Reporting-Durchführung und damit die operativen Tätigkeiten des Reporting vermittelt dabei wieder ein anderes Bild der Rollenverteilung.

Auffällig ist hier, dass die Datenbestandspflege in einigen Konzern- und SGE-Controllingabteilungen nicht durchgeführt wird. Diese Aufgabe wird von anderen Abteilungen wie beispielsweise dem Rechnungswesen übernommen.

Weiterhin ist interessant, dass die SGE-Controllingabteilungen überwiegend selbst den SGE-Berichtsanteil im Konzernbericht erstellen. Bei manchen Unternehmen ist für diese Aufgabe aber auch direkt das Konzerncontrolling verantwortlich.

Somit bleibt für den Bereich Reporting-Durchführung festzuhalten, dass im Vergleich zur Reporting-Systemgestaltung hier eine Konzentration der wahrgenommen Rollen auf die Rolle »Ausführender« vorliegt. Mögliche Gründe hierfür sind: Komplementäre Aufgabenbearbeitung, Vier-Augen-Prinzip und eventuell auch Überschneidungen. Somit lautet auch hier das Fazit, dass nur bei operativen Aufgaben die Rollen zwischen Konzern- und SGE-Controlling klar verteilt sind, da beide Controllingabteilungen lediglich Ausführender sind und keine zusätzlichen Rollen wie Berater oder Entscheider einnehmen.

Der Zusammenhang zwischen den identifizierten Rollen von Konzern- und SGE-Controlling und dem berechneten Verhältnis von Abstimmungsschwierigkeiten zu effektiver Abstimmung ist in Abbildung 13 graphisch dargestellt.

Es zeigt sich erneut ein klarer Zusammenhang zwischen der Deckungsgleichheit der eingenommenen Rollen von

Bei der eigentlichen Reporting-Durchführung sind die Rollen zwischen Konzern- und SGE-Controlling klar verteilt

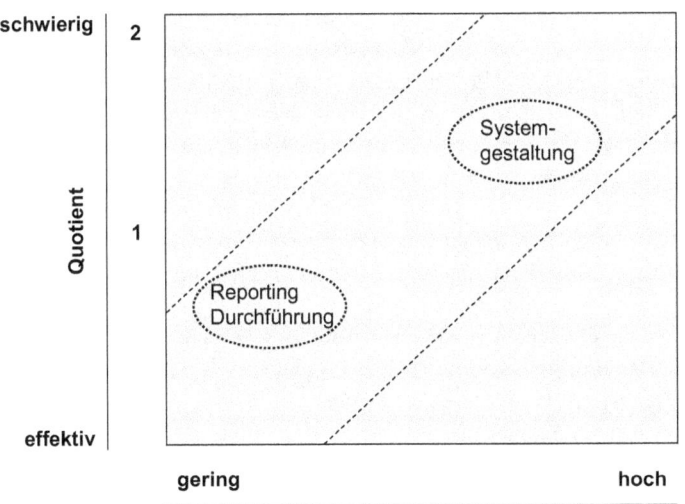

Abbildung 13: Abhängigkeit des Abstimmungsprozesses vom Rollenverständnis im Bereich Investition

Konzern- und SGE-Controlling und dem Verhältnis von Abstimmungsschwierigkeiten zu effektiver Abstimmung.

Bei der Reporting-Systemgestaltung existiert eine breite Streuung des Rollenverständnisses auf Konzern- und SGE-Ebene. Dieser Umstand führt tendenziell zu einem Übergewicht von Abstimmungsschwierigkeiten im Bereich der Reporting-Systemgestaltung. Bei der eigentlichen Durchführung des Reporting hingegen überwiegen wieder die genannten Gründe für eine effektive Zusammenarbeit zwischen Konzern- und SGE-Controlling. Die Rollenverteilung ist im Vergleich zu der im Bereich der Systemgestaltung klar definiert. Diese Beobachtung reiht sich somit ein in das bereits erkannte Muster einer tendenziell besseren und effektiveren Zusammenarbeit der Controllingabteilungen bei eher alltäglichen operativen Aufgaben.

Lessons Learned

Für die Kernthemen des Controllings – Planung, Investition und Reporting – gilt gleichermaßen, dass Abstimmungsschwierigkeiten immer wieder an denselben Stellen auftreten.

Entgegen den anfänglichen Erwartungen stellte sich im Laufe der Untersuchung heraus, dass es vermehrt bei gestaltenden Aufgabengebieten zu einer Häufung von Abstimmungsschwierigkeiten kommt. Hier ist ein eindeutiger Zusammenhang mit den eingenommenen Rollen zu erkennen: Je unklarer die Rollenverteilung und je mehr Rollen gleichzeitig eingenommen werden, desto größer ist das Übergewicht von Abstimmungsschwierigkeiten. Immer dann jedoch, wenn klar definierte Rollen eingenommen und nicht mehrere Rollen gleichzeitig ausgeführt werden, wird von den Unternehmen eine besonders gute und effektive Zusammenarbeit gelobt.

Wenn man diese Ergebnisse zusammen betrachtet, sticht eine Schlussfolgerung hervor: Es lohnt sich, eine klare Aufgaben- und Rollenabgrenzung zwischen den Controllingabteilungen vorzunehmen. Und dies sollte den Ergebnissen zufolge bereits bei grundlegenden Tätigkeiten des Prozesses stattfinden. Setzen Sie also ausreichend Zeit und Ressourcen für die Festlegung des Prozessrahmens ein. Es macht sich bezahlt! Denn Probleme bei der Zusammenarbeit zwischen Konzern- und SGE-Controlling in dieser Phase münden bei der späteren Implementierung des Prozesses häufig in Abstimmungsschwierigkeiten beziehungsweise generellen Unstimmigkeiten und Problemen in der täglichen Controllerarbeit.

Somit ist es notwendig, dass Sie sich mit den gestaltenden Aufgaben im Rahmen der Regelthemen Planung, Investition und Reporting intensiv beschäftigen, um hier schon potenziellen zukünftigen Problemen im Arbeitsprozess vorzubeugen!

3 Erfolgsfaktoren für eine effektive Zusammenarbeit

Die vorangegangenen Abschnitte haben gezeigt, dass vielfältige Probleme in der täglichen Zusammenarbeit der Controllingabteilungen bestehen können. Gleichzeitig haben wir auch in den vorher behandelten Bereichen Planung, Investition und Reporting zahlreiche Beispiele für eine effektive Zusammenarbeit aufgezeigt (vergleiche die jeweiligen Grafiken im Kapitel 2). Im Rahmen der Planung wurden zum Beispiel neben einem regelmäßigen Informationsaustausch mit dem Konzerncontrolling ein beiderseits hohes Interesse an der Kommentierung und eine systemgesteuerte Plausibilisierung als wesentliche Gründe für eine effektive Zusammenarbeit zwischen zentralem und dezentralem Controlling genannt. Ähnlich repräsentative und aufschlussreiche Beispiele fanden sich auch für die anderen beiden Bereiche. Für das Regelthema Investition gaben die befragten zentralen und dezentralen Controller an, dass sich die Zusammenarbeit aufgrund von eingespielten Berechnungsschemata (zum Beispiel EVA), gemeinsamer Erarbeitung von Investitionsanträgen oder aber aufgrund guter persönlicher Beziehungen effektiv gestaltet. Auch beim Reporting finden sich ähnliche Beispiele. Für diesen Bereich sehen zentrales und dezentrales Controlling Beispiele für eine effektive Zusammenarbeit zum Beispiel durch die Vorgabe von Templates, Routine in alltäglichen beziehungsweise immer wiederkehrenden Aufgabenstellungen oder (wiederum) durch eine persönlich gute Basis zwischen den Controllingabteilungen.

Wie Ihnen beim Lesen der einzelnen Beispiele eventuell aufgefallen ist, beziehen sie sich scheinbar auf ähnliche gemeinsame Grundsätze. Vor diesem Hintergrund wurden alle genannten Beispiele der zentralen und dezentralen Controller unabhängig von den Bereichen Planung, Investition und Reporting auf grundsätzliche Eigenschaften für eine effektive Zusammenarbeit untersucht. Dabei wurden die Antworten nach Kerninhalten sortiert und verallgemeinert. Nach intensiver Analyse konnten dadurch drei generelle »Erfolgsfaktoren« für eine effektive Zusammenarbeit zwischen zentralem und dezentralem Controlling identifiziert werden. Diese Erfolgsfaktoren sind:

- Datenbasis
- Standardisierung/klare Vorgaben
- Kommunikation

Die wesentliche Aufgabe der Datenbasis ist dabei, die gemeinsame Informationsgrundlage für die Zusammenarbeit zu schaffen. Es lässt sich nur effektiv über etwas diskutieren, wenn man auch über das Gleiche spricht!

Effektive Diskussion setzt eine gemeinsame Basis voraus

Sie als Controller sehen sich in Ihrer täglichen Arbeit stets neuen Herausforderungen gegenüber. Dennoch existieren Routineaufgaben, deren Bearbeitung einem konstanten Ablauf folgt. Um diese möglichst effektiv zu organisieren und in der Zusammenarbeit einheitliche Strukturen zu garantieren, sind Standardisierungen und klare Vorgaben ein geeignetes Instrument. Um Ihnen bereits jetzt dafür ein Beispiel zu nennen, sei auf Eingabe-Templates bei der Erstellung des Reporting verwiesen.

Zusammenarbeit kann auch durch klare Vorgaben geregelt werden

Der dritte und letzte identifizierte Erfolgsfaktor ist die Kommunikation. Wie in anderen Bereichen auch, empfinden die Controller eine frühzeitige und intensive Kommunikation über bestimmte Sachverhalte als einen äußerst positiven Aspekt der Zusammenarbeit. Anstatt im Nachhinein langwierig über Fehler zu diskutieren, sollten Sie frühzeitig mit Ihren Kollegen sprechen!

Frühzeitig diskutieren, anstatt später streiten

Die letzten beiden Erfolgsfaktoren sollten Sie als gegenseitige Ergänzung sehen: Es wurde wiederholt deutlich, dass die Zusammenarbeit zwischen zentralem und dezentralem Controlling bei einigen Tätigkeiten formalisiert, bei anderen wiederum informell und flexibel erfolgen sollte.

Wie Sie als Controller alle drei Erfolgsfaktoren aktiv beeinflussen können beziehungsweise welche Umsetzungen in der Praxis schon bestehen oder auch nicht, stellt den Kern der nachfolgenden Ausführungen dar. Dabei werden wir Ihnen mit den Controlling IT-Systemen aufzeigen, wie Sie den Erfolgsfaktor Datenbasis beeinflussen können, wie Sie mit Richtlinien eine Standardisierung beziehungsweise klare Vorgaben erreichen und wie Sie durch die Controlling Community eine Grundlage für eine effektive Kommunikation in Ihrem Unternehmen beziehungsweise in Ihrer Controllingabteilung schaffen.

Erfolgsfaktor Datenbasis: Controlling IT-Systeme

Bedeutung der Controlling IT-Systeme

Durch die wachsende Komplexität unternehmerischer Tätigkeiten ist die Arbeitsteilung ein unumgänglicher organisatorischer Schritt geworden. Dadurch ergibt sich auch eine Koordinationsaufgabe. Diese benötigt eine adäquate Informationsorganisation innerhalb Ihres Unternehmens, welche den massiven betriebswirtschaftlichen und technologischen Veränderungen Rechnung tragen muss (Seufert/Lehmann 2006, S. 21; Anthony/Govindarajan 2007, S. 2.). Die Informationen innerhalb der Unternehmung müssen einerseits gesammelt und andererseits dem entsprechenden Empfängerkreis zur Verfügung gestellt werden (vergleiche für die Notwendigkeit der räumlichen Verteilung einer Information Küpper 2005, S. 289). Mit Hilfe moderner Informations- und Kommunikationstechnologien kann die Bearbeitungszeit, die aufgrund der wachsenden Komplexität der Aufgaben stark angestiegen ist, reduziert werden. Diese Ausgestaltung der IT-Systeme würde jedoch einen wesentlichen Aspekt vernachlässigen: Ein unternehmensweit einheitliches IT-System kann gleichzeitig auch die Professionalisierung der Entscheidungsfindung verbessern und Ihnen bei Ihrer Aufgabenerledigung helfen (vergleiche Küpper 2005, S. 21). Dies bedeutet, dass IT-Systeme nicht nur zur Sammlung und Verbreitung von Informationen genutzt, sondern auch für deren Bearbeitung, Weiterverarbeitung und Analyse eingesetzt werden können. Die Form dieser Ausgestaltung ist unter dem Begriff der »Business Intelligence« bekannt geworden (vergleiche für eine ausführliche Definition von Business Intelligence Weber/Grothe/Schäffer 1999, S. 11). Durch Nutzung von IT-Systemen in Form einer Business Intelligence eröffnet sich Ihnen und »Ihren« Managern die Möglichkeit, folgendes Dilemma zu lösen: Zum einen steigt die Dynamik der Umwelt, so dass jegliche Information schneller verfügbar sein muss. Zum anderen werden die zu betrachtenden Sachverhalte, wie bereits erwähnt, stets komplexer, so dass deren Bearbeitungszeit steigt. Durch den Einsatz von IT-Systemen in der oben beschriebenen Weise lässt sich dieses Problem zumindest abschwächen beziehungsweise sogar lösen.

Gerade für Sie als Controller stellt die Informationsbereitstellung und -weiterverarbeitung ein Kernarbeitsfeld dar. Manager sind auf Ihre Informationen angewiesen. Um die Informationsversorgung in einer adäquaten Art und Weise zu erfüllen, werden zeitnah und in nicht unbeachtlicher Menge Informationen benötigt. Diese sollten heute in der Mehrheit der Unternehmen über ein IT-System bereitgestellt werden. Allerdings kommt es durch die Heterogenität der einzelnen Teileinheiten beziehungsweise strategischen Geschäftseinheiten in Unternehmen häufig nicht zu einem Einsatz identischer beziehungsweise durchgängiger Systeme (vergleiche Glöckle 2007, S. 7). Zusätzlich sind die Kosten eines solchen Systems beziehungsweise die Kosten für dessen Einrichtung nicht zu vernachlässigen. Sie sollten deshalb bei Ihrer Entscheidung über die Einrichtung oder Weiterentwicklung Ihres Controlling IT-Systems auch immer eine Kosten-Nutzen-Analyse vornehmen!

Für eine optimale Entscheidungsfindung und -vorbereitung benötigen Sie und das Management allerdings stets vergleichbare Informationen (vergleiche Anthony/Govindarajan 2007, S. 26), was durch unternehmensweite einheitliche Systeme garantiert wäre. Zugleich muss ein IT-System die Besonderheiten der strategischen Geschäftseinheiten berücksichtigen, um auch dem Management der jeweiligen SGE eine optimale Entscheidungsgrundlage und somit -findung zu ermöglichen.

Status quo der Controlling IT-Systeme in deutschen Großkonzernen

Um ein zielführendes Controlling IT-System zu implementieren, sind mehrere Aspekte zu berücksichtigen. Zuerst muss die IT-Systemgestaltung so ausgerichtet werden, dass die Unternehmung ein konzernweit einheitliches System auf einer identischen Plattform besitzt. Diese sollte zudem strukturell und methodisch durchgängig sein. Falls die Voraussetzungen erfüllt sind, müssen die Anforderungen der wesentlichen Controlling-Regelthemen wie Planung, Investition und Reporting berücksichtigt werden.

Durch Controlling IT-Systeme können Sie mehr Informationen in kürzerer Zeit bearbeiten

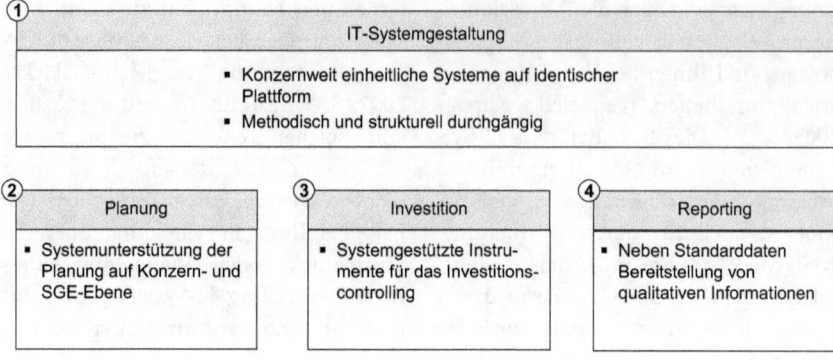

Abbildung 14: Bestandteile der Gestaltungsmöglichkeit
»Controlling IT-System«

Die Hälfte aller SGEs betreibt ein eigenes Controlling IT-System

Zwar könnte es Ihnen so vorkommen, dass sowohl die Heterogenität der SGEs als auch die Besonderheit des jeweiligen Regelthemas ein konzernweit einheitliches IT-System unmöglich erscheinen lassen, jedoch bestehen verschiedene Möglichkeiten, alle Anforderungen adäquat zu integrieren (vergleiche Abbildung 14). Beispielsweise könnte das System alle von den SGEs benötigten Informationen enthalten, bestimmte Bestandteile könnten aber für das Konzerncontrolling mit Hilfe einer modulgestützten Lösung ausblendbar sein. Vor weiteren Beispielen und Handlungsmöglichkeiten für Sie als Controller soll allerdings eine genaue Betrachtung des Status quo in Ihrem Unternehmen stehen.

Stringente IT-Systemgestaltung innerhalb der untersuchten Unternehmen

Im Rahmen der Untersuchung wurden zentrales und dezentrales Controlling zu der Existenz eines konzernweit einheitlichen Systems und eventuell bestehenden Individuallösungen befragt. Als erstes Ergebnis konnte ermittelt werden, dass 37 % der befragten SGEs das Konzern IT-System nicht intensiv nutzen.

Scheinbar deckt das in den jeweiligen Unternehmen vorherrschende Konzern IT-System nicht die Bedürfnisse der SGEs ab. Zusätzlich existieren weitere dezentrale Einheiten, welche parallel zum Controlling IT-System des Konzerns noch ein eigenes Controlling IT-System in der SGE betreiben, da 52 % der befragten SGEs angaben, dass ein solches SGE IT-System existiert.

Diese Tatsache hat mehrere Auswirkungen. Zum einen adressieren 60 % der genannten Gründe für Abstimmungsschwierigkeiten im Reporting die allgemeine Systemgestaltung. Hierbei spielt das genutzte IT-System eine erhebliche Rolle. Zum anderen zählt die Systempflege zu den zeitintensivsten Aufgaben. Dies lässt sich gerade aufgrund des Parallelbetriebs von mehreren Systemen auf Ebene der SGEs erklären, da die dezentralen Controller dementsprechend neben dem Konzernsystem zusätzlich

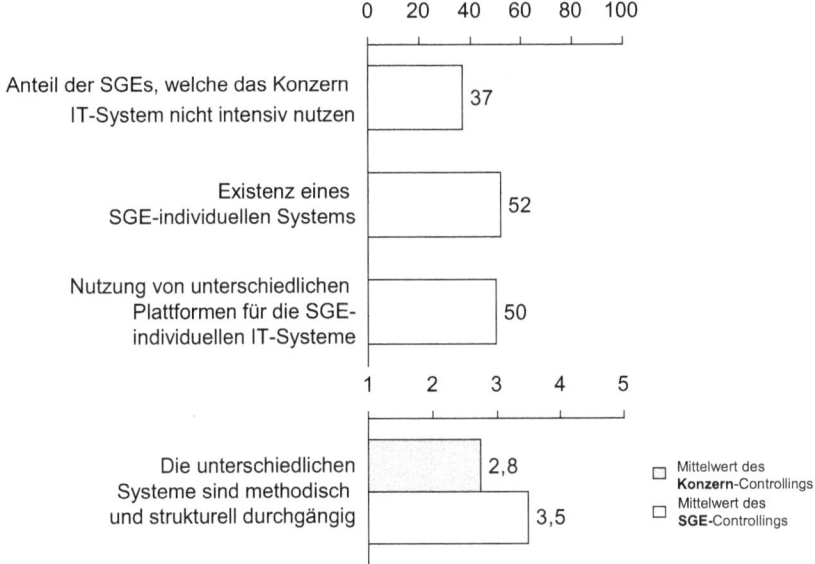

Abbildung 15: Ausgestaltung der IT-Systeme (Konzern und SGEs)

ihr eigenes System (und dies in größerem Umfang als das Konzernsystem) pflegen müssen. Auch kann es durch unterschiedliche Systeme zu Abweichungen bei an sich identisch zu ermittelnden Zahlen (zum Beispiel KPIs) kommen. Dies kann die Vergleichbarkeit für das (Konzern-)Controlling erheblich beeinflussen und eine individuelle Überprüfung der gelieferten Informationen notwendig machen. Somit sieht sich ein Konzerncontroller meist nicht nur einer SGE-individuellen Lösung gegenüber, sondern jeweils unterschiedlichen Lösungen!

Diese Tatsache wird in ihrer Bedeutung weiter verstärkt, da 50 % aller befragten SGEs nicht nur ein individuelles IT-System nutzen, sondern das System auch noch auf einer zum Konzernsystem unterschiedlichen Plattform basiert. Zur Differenz der Systeme an sich kommen dementsprechend noch Unterschiede der Plattformen. Dies kann es erforderlich machen, dass das Controlling Daten konvertieren oder in andere Formate überführen muss. Diese Überführung könnte einen weiteren Grund für den hohen Zeitaufwand der Systempflege darstellen. Würden die unterschiedlichen IT-Systeme hingegen methodisch und strukturell durchgängig sein, könnte die Varianz der Systeme in einem weitaus geringeren Maße Bedeutung besitzen. Jedoch ergab die Befragung der zentralen und dezentralen Controllingeinheiten, dass die Controlling IT-Systeme der dezentralen Einheiten nur bedingt methodisch und strukturell durchgängig sind. Die Beurteilung

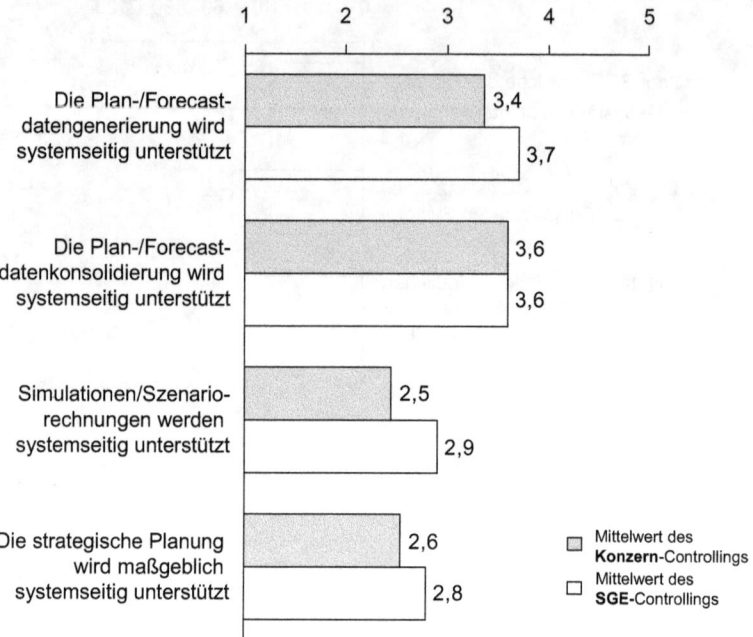

Abbildung 16: Ausmaß der Systemunterstützung für Plan- und Forecast-Daten

der Durchgängigkeit fällt auf Seiten der dezentralen Controllingeinheiten größer aus als auf Seiten der Konzerncontrollingeinheiten. Dies lässt sich auf die Tatsache zurückführen, dass die Konzerncontrollingeinheiten, wie bereits erwähnt, jeweils verschiedene individuelle SGE-Systeme betrachten und bei der Beurteilung nicht auf ein System fokussiert sind.

Unterstützung der Planung durch ein Controlling IT-System

Mögliche Begründungen für die Nicht-Nutzung des Konzernsystems beziehungsweise die Existenz SGE-individueller Controlling IT-Systeme finden sich durch den Grad der Unterstützung der Regelthemen wie Planung, Investition und Reporting. Zentrales und dezentrales Controlling wurden daraufhin bezüglich der IT-Unterstützung der Planung befragt.

Als erstes lässt sich festhalten, dass die zuvor aufgestellte Vermutung einer höheren Unterstützung auf Seiten der SGEs (bedingt durch die individuellen Systeme) bestätigt wird. IT-Systeme helfen bei nahezu allen abgefragten Aufgaben im Rahmen der Planung stärker auf Seiten der SGEs. Die Plan-/Forecast-Datengenerierung und -konsolidierung wird auf zentraler und dezentraler Ebene relativ stark durch das vorherrschende IT-System unterstützt. Im Vergleich dazu scheint eine IT-Infrastruktur für Simulationen und Szenariorechnungen bei den befragten Unternehmen in geringerem Ausmaß vorhanden zu sein.

Auch die strategische Planung wird weniger umfassend durch das IT-System unterstützt. Dieses auf den ersten Blick intuitiv nachvollziehbare Ergebnis überrascht aber vor dem Hintergrund der neuesten Erkenntnisse aus der Untersuchung der Controllerrolle im Strategieprozess (vergleiche Weber et al. 2007). Dort wurde ermittelt, dass das Handlungsfeld mit der höchsten Controllingrelevanz bei der strategischen Planung die Entwicklung beziehungsweise Verbesserung von IT-Tools ist. Insofern scheint es noch immer Handlungsbedarf in diesem Controllingbereich zu geben!

Unterstützung des Bereiches Investition durch ein Controlling IT-System

Im Bereich der Investition bildet sich ein eindeutigeres Bild ab. Während in der Planung noch Aufgaben existierten, welche auf eine Unterstützung des IT-Systems zurückgreifen konnten, steht für Aufgaben des Investitionscontrollings beziehungsweise das Investitionscontrolling als Ganzes kaum IT bereit.

Es gibt noch immer Nachholbedarf im Investitionscontrolling

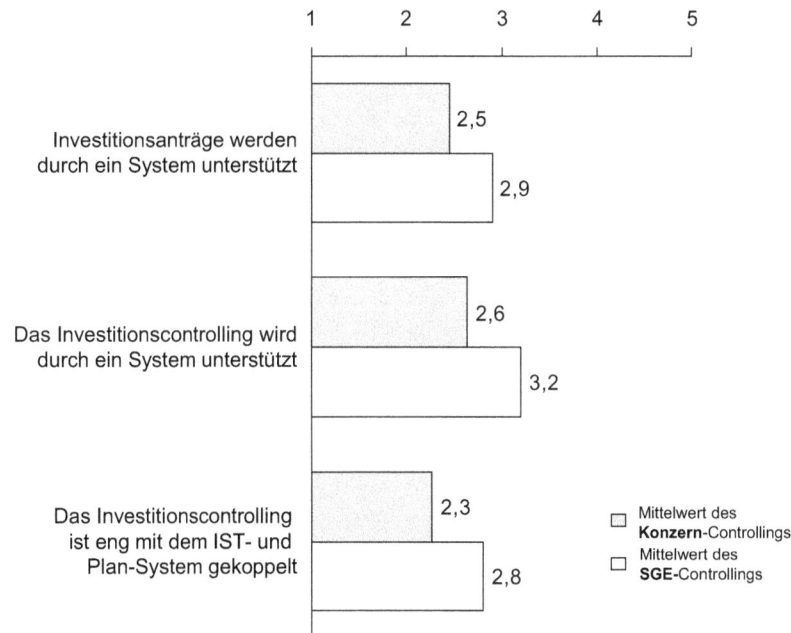

Abbildung 17: Ausmaß der IT-Unterstützung des Investitionscontrollings

Zentrales und dezentrales Controlling geben an, dass bei der Bearbeitung von Investitionsanträgen nur begrenzt auf eine Systemunterstützung zurückgegriffen werden kann. Diese Tatsache liefert eine Erklärung dafür, dass 44 % der Nennungen für Abstimmungsschwierigkeiten im Bereich Investition auf die Antragsbearbeitung entfallen. Zusätzlich zählen zum Beispiel die Plausibilitätsprüfung und Kommentierung zu den zeitaufwendigsten Aufgaben im Bereich Investition. Dies kann durch das Fehlen eines konzernweit einheitlichen IT-Systems für das Investitionscontrolling begründet werden. Gerade Probleme in der Verfügbarkeit von Daten und in der Nachvollziehbarkeit der Rechenmethodik wurden von den befragten zentralen und dezentralen Controllingabteilungen genannt. Die etwas höhere Unterstützung von Investitionsanträgen auf Seiten der SGEs lässt sich wiederum auf den Einsatz von individuellen Systemen zurückführen.

Das Investitionscontrolling als Ganzes erfährt auf Seiten des zentralen Controllings eine deutlich geringere Unterstützung als auf Seiten des dezentralen Controllings. Neben dem Vorhandensein SGE-individueller Systeme als Begründung kann zudem festgehalten

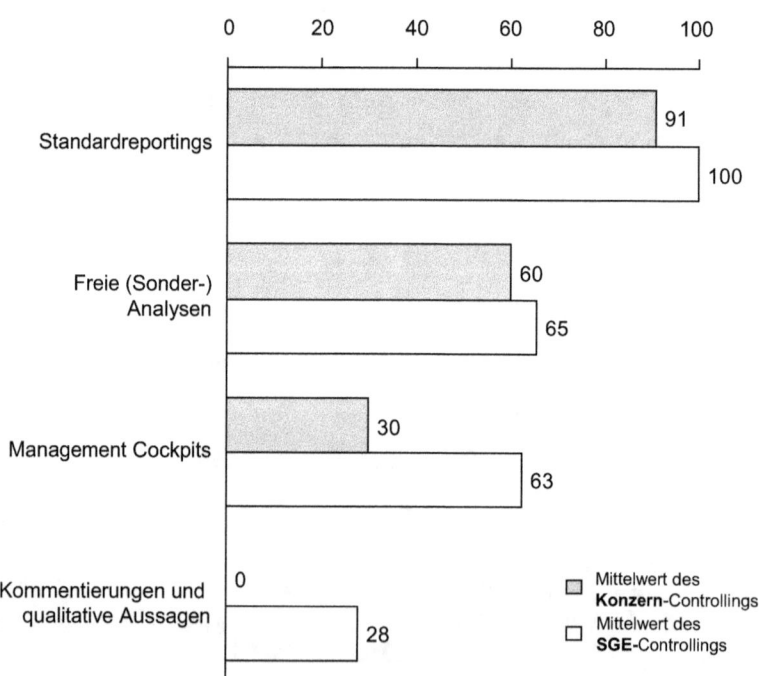

Abbildung 18: Funktionen, die über die SGE-Systeme bereitgestellt werden

Erfolgsfaktoren für eine
effektive Zusammenarbeit

werden, dass in mehreren befragten Unternehmen Investitionen nur in den Controllingabteilungen der SGEs beziehungsweise in anderen Abteilungen bearbeitet werden.

Eine enge Kopplung des Investitionscontrollings an das Ist- und Plan-System liegt weder auf zentraler noch auf dezentraler Ebene vor. Dadurch drängt sich die Frage auf, in welcher Art und Weise der Verlauf einer bereits genehmigten Investition weiter verfolgt wird, wenn nicht mit Abgleich der Ist- und Plan-Daten?

Unterstützung des Reporting durch ein Controlling IT-System

Im Rahmen des Reporting konnten wir ermitteln, dass 91 % der Konzerncontrolling-Abteilungen der befragten Unternehmen über eine Unterstützung des Standard-Reporting durch ein IT-System verfügen. Auf Ebene der SGEs sind es sogar 100 %.

Bei freien (Sonder-)Analysen hingegen findet auf Ebene des Konzerncontrollings nur bei 60 % der Unternehmen IT Anwendung. Gleiches gilt auf Ebene der SGEs: Nur bei 65 % hilft ein Controlling IT-System. Obwohl zentrales und dezentrales Controlling angeben, dass (Sonder-)Analysen zu den zeitintensivsten Aufgaben zählen, existiert dafür keine IT-Unterstützung. Trotz variierender Aufgabenstellung könnte zumindest die Datensammlung beziehungsweise -generierung automatisiert werden, um den Controller in seiner täglichen Arbeit zu unterstützen. Ähnliches gilt auch für Management Cockpits. Dieses Tool zur Unterstützung des Managements wird nur von 30 % der Controlling IT-Systeme auf Seiten des Konzerncontrollings verwendet. Immerhin jedoch erfüllen 63 % der SGE-Systeme diese Aufgabe.

Die zeitintensivste und möglicherweise herausforderndste Aufgabe im Rahmen des Reporting, die Kommentierung, verfügt aktuell über keinerlei IT-Unterstützung. Lediglich auf Ebene der SGEs finden sich vereinzelt Möglichkeiten, um Daten zu kommentieren beziehungsweise qualitativ zu ergänzen. Gleichzeitig wurden als Abstimmungsschwierigkeiten im Rahmen der Kommentierung das »häufige Nachfragen von Seiten des Konzerncontrollings« genannt. Dieses Problem ließe sich durch eine gemeinsam nutzbare Datenbasis beziehungsweise die IT-Unterstützung von qualitativen Aussagen lösen. Auch eine Erhöhung der Bearbeitungsgeschwindigkeit wäre möglich, da die Analysen der dezentralen Einheiten direkt mit den Zahlen verbunden wären. So müssten die Zentralcontroller nur noch in Sonderfällen direkte Nachfragen bei den zentralen oder dezentralen Einheiten stellen!

Der in den obigen Abschnitten erhobene Status quo eines Controlling IT-Systems eröffnet Ihnen verschiedene Elemente, mit deren Hilfe Sie die Zusammenarbeit durch Etablierung eines Controlling IT-Systems fördern können. An welchen Punkten jeweils direkt aktiv von Ihrer Seite gearbeitet werden kann, stellt den Fokus der nachfolgenden Ausführungen dar.

Sie haben viele Möglichkeiten das Controlling IT-System fit für die Zusammenarbeit zu machen

Elemente und Maßnahmen zur Verbesserung des Controlling IT-Systems

Es lassen sich drei wesentliche Elemente zur Verbesserung der Zusammenarbeit zwischen zentralem und dezentralem Controlling identifizieren. Als erstes und wesentliches Element ist die Einrichtung eines konzernweit stringenten Controlling IT-Systems zu nennen. Durch die Einrichtung wäre es für die Controller zum Beispiel möglich, auf eine einheitliche Datenbasis für die Zusammenarbeit der zentralen mit den dezentralen Controllingeinheiten zurückzugreifen und so Abstimmungsschwierigkeiten aufgrund unterschiedlicher Ausgangsinformationen zu vermeiden. Um die Heterogenität der SGEs zu berücksichtigen und die zentral benötigten Informationen durch das Konzernsystem bereitzustellen, könnte man beispielsweise verschiedene Module kombinieren. So wäre gleichzeitig sichergestellt, dass Sie nicht mit einer zu hohen Quantität an Informationen belastet werden, aber im Einzelfall detaillierte Daten abrufen können!

Um die zuvor skizzierten Probleme in den Regelthemen zu lösen, sollte parallel eine funktionale Ausweitung des IT-Systems auf die entsprechenden Bereiche in Erwägung gezogen werden. Es könnte beispielsweise die Antragsbearbeitung im Bereich der Investitionen unterstützt werden, um dadurch Abstimmungsschwierigkeiten zu vermeiden. Des Weiteren können Kosteneinsparungen durch verkürzte Bearbeitungszeiten realisiert werden.

Trotz Vereinheitlichung und Ausweitung sollten Sie stets darauf achten, dass die Anwenderfreundlichkeit des Systems gewahrt bleibt. Nur wenn Ihnen dies gelingt, kann sich die Implementierung eines neuen beziehungsweise die Ausweitung des bestehenden Systems

Beispielhafte Maßnahmen

Ein konzernweites stringentes Controlling IT-System	• Durch ein konzernweites IT-System kann eine einheitliche Datenbasis gewährleistet werden. • Beispiel: Durch Module des IT-Systems können sowohl die operativen Anforderungen der SGEs (Detaillierungsgrad) erfüllt als auch aggregierte Informationen für den Konzern sichergestellt werden.
Funktionale Ausweitung des IT-Systems auf Problemfelder	• Eine systemseitige Unterstützung des Investitionscontrollings kann den genannten Problemen in diesen Bereichen entgegensteuern. • Dadurch können sowohl Zeit- und Kosteneinsparungen realisiert als auch die Güte und das Klima der Zusammenarbeit gefördert werden.
Anwenderfreundlichkeit	• Die Anwenderfreundlichkeit des IT-Systems muss gewährleistet werden, um dadurch auch den bisherigen Stand-alone Lösungen in den SGEs entgegenzuwirken.

Abbildung 19: Elemente und Maßnahmen im Bereich Controlling IT-System

als vorteilhaft für Sie und das Unternehmen erweisen. Gleichzeitig sollte (wie bereits kurz erwähnt) eine Kosten-Nutzen-Analyse vorgenommen werden, um die Vorteilhaftigkeit eines einheitlichen Controlling IT-Systems sicherzustellen. Dabei sollten Sie auf der Kostenseite neben den Softwareaufwendungen auch Kosten für die Umgewöhnungs- und Schulungszeiten der Mitarbeiter berücksichtigen. Auf der Nutzenseite sollten Sie abgesehen von den direkten Zeitersparnissen durch sofortige Informationsverfügbarkeit auch Vorteile wie die Senkung des Konfliktpotenzials bei der Zusammenarbeit zwischen zentralem und dezentralem Controlling aufgrund einer einheitlichen Datenbasis berücksichtigen. Letztendlich müssen Sie individuell entscheiden, ob es sich für Ihr Unternehmen lohnt, ein einheitliches Controlling IT-System einzurichten oder nicht.

Lessons Learned

Die Systemvielfalt der deutschen Großkonzerne ist ähnlich hoch wie die Anzahl ihrer dezentralen Controllingabteilungen. Kaum ein Unternehmen kann ein stringentes, konzernweites Controlling IT-System vorweisen. Zusätzlich basieren die unterschiedlichen Systeme noch auf verschiedenen Plattformen, was eine Übertragbarkeit und Vergleichbarkeit von Daten erschwert. Selbst strukturell und methodisch sind die Systeme nicht durchgängig. Diese Tatsachen erstaunen besonders vor dem Hintergrund, dass viele Gründe einer effektiven Zusammenarbeit zwischen zentralem und dezentralem Controlling sich auf eine gemeinsame und verlässliche Datenbasis zurückführen lassen. Deshalb sollten Unternehmen bemüht sein, den Controllingabteilungen ein gemeinsames einheitliches Controlling IT-System zur Verfügung zu stellen. Selbstverständlich müssen zentrale und dezentrale Bedürfnisse berücksichtigt werden. Sie sollten dementsprechend beim Aufbau des IT-Systems alle an einen Tisch bekommen – sowohl zentrales als auch dezentrales Controlling!

Erfolgsfaktor Standardisierung/ klare Vorgaben: Richtlinien

Bedeutung der Richtlinien

Hierarchie, Arbeitsteilung und Vorgabe von Arbeitsverfahren sind mögliche Dimensionen zur Abbildung formaler Organisationsstrukturen (vergleiche Kieser/Walgenbach 2003, S. 72). Informelle Eigenschaften von Organisationsstrukturen werden später im Zusammenhang mit der Controlling Community analysiert. Sowohl formelle als auch informelle Mechanismen dienen der Koordination des Unternehmens: Die Aktivitäten der Unternehmensmitglieder werden einerseits durch formale Instrumente wie Handbücher, Prozessvorgaben, systemhinterlegte Prozessmodelle, Standard Operating Procedures (SOPs) et cetera sowie andererseits durch informelle, ungeschriebene Regeln, Normen und Werte koordiniert (vergleiche Jones 1994, S. 68).

Aus theoretischer Sicht sind Hierarchie und Formalisierung durch Richtlinien wesentliche Koordinationsinstrumente von Unternehmen. Hierarchien verleihen Stelleninhabern definierte Entscheidungsautoritäten, Richtlinien geben

Kaum ein Unternehmen kann ein stringentes, konzernweites Controlling IT-System vorweisen

Verfahrensweisen vor (vergleiche Kieser/Walgenbach 2003, S. 18; vergleiche auch Weber/Schäffer 2006, S. 53 f.). Sie regeln, wie bestimmte Rollen in dem Unternehmen ausgefüllt werden sollen und welche Verantwortlichkeiten zu erfüllen sind. Wichtige Zielgrößen von Formalisierung durch Richtlinien sind dabei Transparenz, Standardisierung, Kontrolle, Qualitätssicherung, Kosten und Flexibilität (vergleiche Eisenführ/Theuvsen 2004, S. 78 ff.).

Richtlinien sind wesentliche Koordinationsinstrumente in Organisationen

Transparenz der Abläufe ist gerade für Sie als Controller relevant, um die Abteilung unabhängig vom Know-how einzelner Wissensträger zu machen (vergleiche Eisenführ/Theuvsen 2004, S. 78 ff.). Richtlinien und Handbücher vereinfachen zudem die Kommunikation in zweifacher Hinsicht: Indem beispielsweise Definitionen und Verfahrensweisen grundsätzlich dokumentiert werden, erübrigen sich Nachfragen und es lassen sich Missverständnisse vermeiden. Zudem erlauben Handbücher eine effiziente Einarbeitung neuer Mitarbeiter beziehungsweise von Mitarbeitern auf neuen Positionen.

Richtlinien sorgen für die Einhaltung von Normen

Transparenz stellt die Voraussetzung für Standardisierung dar. *Standardisierung* bedeutet, die Konformität der Organisation beziehungsweise ihrer Entscheidungen mit bestimmten als sinnvoll erachteten Modellen zu garantieren – die Mitarbeiter sind verantwortlich, die für sie geltenden Richtlinien einzuhalten. Durch Standardisierung können Sie Entscheidungen nachvollziehbar und vorhersehbar gestalten (vergleiche Jones 1994, S. 68). Gerade bei arbeitsteiliger zentraler und dezentraler Bearbeitung von Controllingaufgaben ist es erforderlich, dass beispielsweise Berichte und Pläne nach einheitlichen Grundsätzen und Methoden aufgebaut sind, damit sie sinnvoll konsolidiert werden können (vergleiche Kieser/Walgenbach 2003, S. 17 f.).

Hinsichtlich Transparenz und Standardisierung ergibt sich die Frage, bis zu welcher Ebene Abläufe geregelt werden sollen. Denkbare Extreme sind einerseits die lediglich Definition von Endprodukten ohne Vorgabe konkreter Bearbeitungsschritte und Prozessvorgaben und andererseits die Regelung jedes Prozesses auf Einzelaufgabenebene, das heißt bis hin zum Arbeitsplatz.

Kontrolle und Compliance (mit Richtlinien und Gesetzen) ist in den letzten Jahren eine besondere Bedeutung zugekommen, beispielsweise als Element der Corporate Governance, da sie die Basis für eine nachhaltige, regelkonforme, risiko- und wertorientierte Unternehmensführung bildet. Compliance umfasst die Einhaltung aller einschlägigen regulatorischen Standards sowie aller gesetzlichen und unternehmensinternen Bestimmungen und Verpflichtungen (vergleiche Menzies 2004, S. 77). Auch aus Risikomanagementgesichtspunkten (ein weiteres wesentliches Controllinggebiet) sind Richtlinien als Bestandteil der Compliance erforderlich, um ein geordnetes Unternehmensgeschehen sicherzustellen, da sie die unternehmensspezifische Umsetzung der (externen oder internen) Bestimmungen dokumentieren und regeln. Dies bedeutet, Unternehmensprozesse für außenstehende Dritte (zum Beispiel den Wirtschaftsprüfer) transparent und nachvollziehbar zu machen. Im Controllingkontext ist dies insbesondere dort relevant, wo die Schnittstelle zur externen Berichterstattung betroffen ist.

Mittels Formalisierung durch Richtlinien werden Verantwortlichkeiten und Zuständigkeiten definiert beziehungsweise Organisationsmitgliedern zugeordnet und festgelegt sowie definiert, wie Aufgaben erfüllt werden sollen (vergleiche Eisenführ/Theuvsen 2004, S. 79). Dies ist verbunden mit *Qualitätssicherung* und kontinuierlicher Verbesserung. Beides wird durch das Vorhandensein von Richtlinien besonders bei repetitiven Prozessen gewährleistet beziehungsweise begünstigt.

Sowohl für Unternehmen als Ganzes als auch für die Controllingabteilung im Speziellen ergibt sich die Herausforderung, den Trade-off zwischen Standardisierungsvorteilen und den *Kosten* der Richtlinienerstellung zu berücksichtigen. Sie können einerseits Kosteneffizienz bei Massenvorgängen durch standardisierte Abläufe erzielen. Andererseits verursacht die Formalisierung Ihnen einmalige und wiederholte Kosten, beispielsweise durch die Erstellung beziehungsweise Änderungen der Richtlinien.

Formalisierungsgrad und Regelungstiefe der Richtlinie haben dabei einen ebenso entscheidenden Einfluss auf Kosten und Komplexität wie der notwendige Änderungsdienst und die möglicherweise mit der Formalisierung einhergehende *Inflexibilität* bei neuen Geschäftsvorfällen (vergleiche Jones 1994, S. 68 f.).

Der Gegenpol zur Standardisierung und Richtlinienverbreitung ist die gegenseitige Anpassung, die entsteht, wenn Entscheidungen durch evolutionäre Prozesse getroffen werden anstatt entlang standardisierter Regeln. Dadurch besteht für Sie generell die Möglichkeit, flexibler auf die Situation zu reagieren, als dies möglicherweise entlang einer Richtlinie der Fall wäre.

Der optimale Formalisierungsgrad ist von den Situationsbedingungen Ihres Unternehmens abhängig. Starke Formalisierung wird vor allem unter statischen Bedingungen, das heißt für repetitive und vorhersehbare Aufgaben, sinnvoll sein. Innerhalb eines Unternehmens ist daher zu erwarten, dass die Formalisierung tendenziell zunimmt, je weiter man sich von der strategischen Spitze zur operativen Basis bewegt. Auch im abteilungsübergreifenden Vergleich werden sich die Abteilungen hinsichtlich des vorherrschenden Formalisierungsgrades unterscheiden (vergleiche Eisenführ/Theuvsen 2004, S. 80). Unternehmen und somit auch Sie als Controller sollten darauf achten, einen gesunden Mittelweg zwischen Regelungsdichte und Freiheitsgraden durch Richtlinien zu finden. Bei zu hoher Eingrenzung der Tätigkeitsbereiche geht möglicherweise unternehmerisches oder kreatives Handlungspotenzial Ihrer Mitarbeiter verloren, während bei zu hohen Freiheitsgraden die Gefahr der negativen Ausnutzung der Freiheiten existiert.

Der optimale Grad von Formalisierung hängt von den Situationsbedingungen ab

Der gesunde Mittelweg zwischen Regelungs- und Freiheitsgrad ist entscheidend

Richtliniensituation in deutschen Großkonzernen

Im Rahmen des Forschungsprojektes »Zentrales und dezentrales Controlling« wurden verschiedene Fragestellungen bearbeitet: Zunächst wurde eine Bestandsaufnahme durch Befragung der Konzerncontroller durchgeführt um zu eruieren, welche Richtlinien für das Controlling besonders relevant sind. Anschließend wurde herausgearbeitet, welche Mechanismen zur Verbreitung der

Richtlinien in der Organisation angewendet werden. Abschließend wurde untersucht, ob Unterschiede in der Beurteilung der Richtliniensituation auf Konzern- und SGE-Ebene bestehen.

Regelungsintensität der Zusammenarbeit durch Richtlinien

Konzern- und SGE-Controllingabteilungen schätzen den Grad, zu dem Richtlinien die Zusammenarbeit in den wichtigen Bereichen Planung, Investition und Reporting determinieren, zunächst als ähnlich hoch ein.

Die Meinungen auf SGE-Ebene fallen im Bereich Investitionen leicht niedriger aus. Dies bedeutet, dass die Konzerncontrollingabteilungen die Zusammenarbeit im Bereich Investition ein wenig stärker reglementiert sehen als die SGE-Controller. Dies kann eventuell darauf zurückgeführt werden, dass nicht alle SGEs originär für Investition zuständig sind.

Relevante Controllingrichtlinien

Es wurde anhand einer offenen, ungestützten Abfrage auf Konzerncontrollingebene erhoben, welche Richtlinien am bedeutendsten oder wichtigsten für das Controlling sind (siehe Abbildung 21).

- Investitions- und Planungsrichtlinien werden von je 80 % der befragten

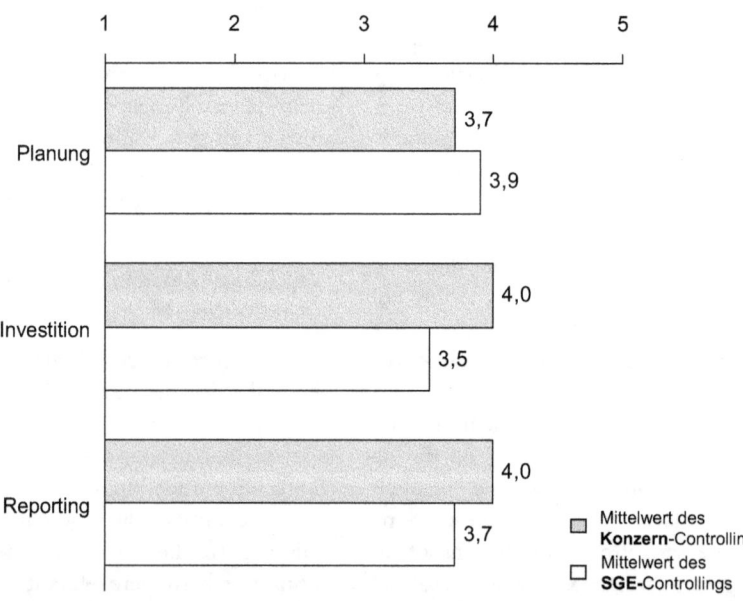

Abbildung 20: Regelung der Zusammenarbeit durch Richtlinien in wichtigen Bereichen

Ungestützte Abfrage der Dokumente, die relevante Richtlinien für die Controllingabteilung enthalten (Konzerncontrolling)

	Nennungen	Seitenumfang	Detailgrad	Verantwortung
① Investition	80 %	15 - 75	mittel-hoch	Konzerncontrolling
② Planung	80 %	16 - 100	mittel-hoch	
③ Reporting	60 %	8 - 150	hoch	
④ Wertmanagement	50 %	30 - 100	mittel-hoch	Konzerncontrolling und Fachabteilung
⑤ Risikomanagement	20 %	30 - 50	mittel	
⑥ Rechnungswesen	50 %	400 - 1 100	hoch	

Zwecke von Richtlinien:
1) Einheitlichkeit, Standardisierung (Effizienzgewinne in der Folge)
2) Compliance, Einhaltung gesetzlicher Regelungen
3) Sonstige: Kommunikation/Dokumentation, Schnittstellenmanagement

Abbildung 21: Aufstellung der wichtigsten Richtlinien in den befragten Unternehmen

Konzerncontroller als relevante Richtlinien angesehen.
- Die Richtlinien im Bereich Reporting und Wertmanagement erreichen einen Wert von 60 % beziehungsweise 50 %.
- Das Risikomanagement wurde nur von 20 % der Konzerncontroller als sehr relevanter Richtlinienbereich angesehen.
- Richtlinien im Bereich Rechnungswesen wurden von der Hälfte der Konzerncontroller als relevant eingestuft. Das externe Rechnungswesen ist zum Teil organisatorisch vom Controlling getrennt.

Die Regelungstiefe unterscheidet sich zwischen den untersuchten Unternehmen in den einzelnen Richtlinien zum Teil ganz erheblich. Ein Indikator dafür ist die angegebene Spannbreite des Seitenumfangs je Richtlinienart. Die Heterogenität und unterschiedliche Branchenzugehörigkeit der Unternehmen spiegeln sich auch hier wider. Am Beispiel des Bereichs Investition können Sie sich dies vor Augen führen: Die Kapitalintensität der Unternehmen unterscheidet sich deutlich. Damit geht einher, dass Investitionsrichtlinien mehr oder weniger detailliert ausfallen beziehungsweise überhaupt als relevant angesehen werden.

Die Besonderheit eines 1.100 Seiten umfassenden Rechnungswesen-Richtlinienwerkes ist etwa darauf zurückzuführen, dass der eigentliche Richtlinienteil circa 200 Seiten umfasst und die restlichen 900 Seiten unternehmensspezifische Anwendungsbeispiele zur Verdeutlichung für die Nutzer beinhalten.

Die relative Wichtigkeit der einzelnen Zwecke von Richtlinien zeigt, dass Ein-

Die Regelungstiefe einzelner Richtlinien unterscheidet sich zum Teil erheblich

Es gibt verschiedene Mechanismen zur Verbreitung von Richtlinien in der Praxis

heitlichkeit und Standardisierung sowie die resultierenden Effizienzgewinne an erster Stelle für die befragten Unternehmen stehen. Dadurch soll eine Vereinheitlichung zwischen den einzelnen SGEs erreicht werden. Compliance-Themen entspringen den gesetzlichen Anforderungen an die Unternehmen. Einen niedrigeren Rangplatz nehmen Kommunikation und Dokumentation ein.

Mechanismen zur dezentralen Verbreitung und Anwendung von Richtlinien

Neben der Konzernsichtweise auf Richtlinien wurde auch die dezentrale Perspektive auf Richtlinien betrachtet, das heißt es wurde die Frage beleuchtet, wie die SGE-Controllingabteilungen vom Konzern in den Konzernrichtlinienprozess eingebunden werden. Es sollte die Frage beantwortet werden, wie Konzernrichtlinien von SGE-Controllingabteilungen mitgestaltet werden beziehungsweise dezentral angewandt werden.

Die dargestellte 4-Felder-Matrix in Abbildung 22 ist nicht als Kontinuum, sondern nur entlang der Quadranten interpretierbar. Die Mitgestaltungsachse zeigt an, wie die SGEs bei inhaltlichen Fragen der Konzernrichtliniengestaltung eingebunden werden. Die Verbreitungsachse verdeutlicht den Mechanismus (push oder pull), mit dessen Hilfe die Richtlinien in die SGE-Controllingabteilungen kommuniziert werden. Um diese unterschiedlichen Vorgehensweisen zu verdeutlichen, möchten wir Ihnen zwei kurze Unternehmensbeispiele präsentieren: Unternehmen »X« nutzt den »Pull-Mechanismus« zur Verbreitung der konzernweiten Controllingrichtlinien. Dabei stellt es alle Richtlinien in ein unternehmensweit zugängliches Intranetportal. Die dezentralen Abteilungen müssen sich je nach Anlass eigenverantwortlich die Richtlinien he-

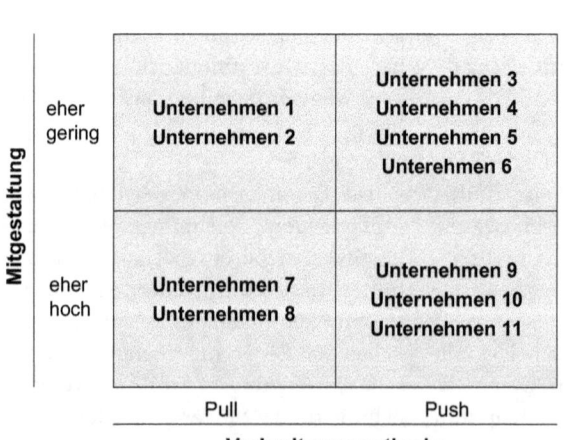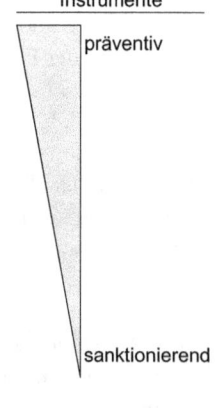

Abbildung 22: Einbindung der SGEs in die Gestaltung und Anwendung von Richtlinien

raussuchen. Gleichzeitig können die dezentralen Abteilungen Verbesserungsvorschläge an das Zentralcontrolling richten, sind dabei aber nicht direkt in den Erstellungsprozess der Richtlinien involviert.

Unternehmen »Y« hingegen nutzt das »Push-Prinzip« zur Verbreitung seiner Konzernrichtlinien. Dabei bekommen die dezentralen Controllingabteilungen zum Beispiel für ihre Investitionsprojekte durch das Zentralcontrolling eine E-Mail zugesandt, welche die anzuwendenden beziehungsweise zu berücksichtigenden Richtlinien als Anhang enthält. Gleichzeitig bietet das Konzerncontrolling auch Schulungen zur Einhaltung der neuen Richtlinien an, um so eine möglichst schnelle und korrekte Anwendung zu fördern. Dementsprechend liegt die Verantwortung für die Einhaltung der Richtlinien überwiegend beim Zentralcontrolling. Diese Verantwortungsverteilung spiegelt sich auch in der stark eingeschränkten beziehungsweise nicht vorhandenen Beteiligung des dezentralen Controllings bei der Erstellung der Konzernrichtlinien wider.

Mit der Mitgestaltungsachse korrespondieren die angewendeten Instrumente, die von eher präventiven bis hin zu sanktionierenden Instrumenten reichen. Schulungen über bestehende Richtlinien finden sich zum Teil intensiver ausgeprägt bei Unternehmen, in denen die SGEs weniger inhaltlichen Mitgestaltungsspielraum besitzen, während Ex-post-Kontrollen stärker bei Unternehmen verbreitet sind, die hohe inhaltliche Mitgestaltung auf dezentraler Ebene ermöglichen.

Beurteilung der Richtliniensituation

Der Status quo der Richtliniensituation war in der Vergangenheit in den Unternehmen sehr ähnlich ausgeprägt (siehe Abbildung 23). In Einzelfällen haben besonders exogene Einflüsse stark dazu beigetragen, dass der Richtlinienumfang angestiegen ist, etwa ausgelöst durch gestiegene Compliance-Anforderungen, aus denen die Notwendigkeit zu mehr Dokumentation erwachsen ist. Auf der anderen Seite hat es auch interne Einflüsse gegeben, die diesem Trend entgegenstanden, so etwa um die intern wahrgenommene Überregulierung zu reduzieren.

Sowohl Konzern- als auch SGE-Controlling sind im Schnitt der Auffassung, dass die Richtlinien ihre intendierten Zwecke erfüllen, sie also effektiv sind. Dies bestätigten auch die Antworten auf die Frage, ob die Richtlinien vollständig gelebt werden, wobei die SGE-Controller stärker der Auffassung sind, dass die Richtlinien gelebt werden, als ihre Kollegen im Konzerncontrolling.

Bemerkenswert ist, dass die SGE-Controllingabteilungen durchweg zufriedener mit der Richtliniensituation sind als die Konzerncontrollingabteilungen. Falls Sie künftig Initiativen im Bereich der Richtlinien planen, sollten Sie also darauf abzielen, die Zufriedenheit der Konzerncontrollingabteilungen mit der Richtliniensituation noch zu steigern (beispielsweise durch noch effektivere beziehungsweise effizientere Richtlinien), ohne die Zufriedenheit der SGE-Controller (zum Beispiel hinsichtlich der Gestaltungsmöglichkeiten oder notwendiger Freiheitsgrade und Flexibilität) zu mindern.

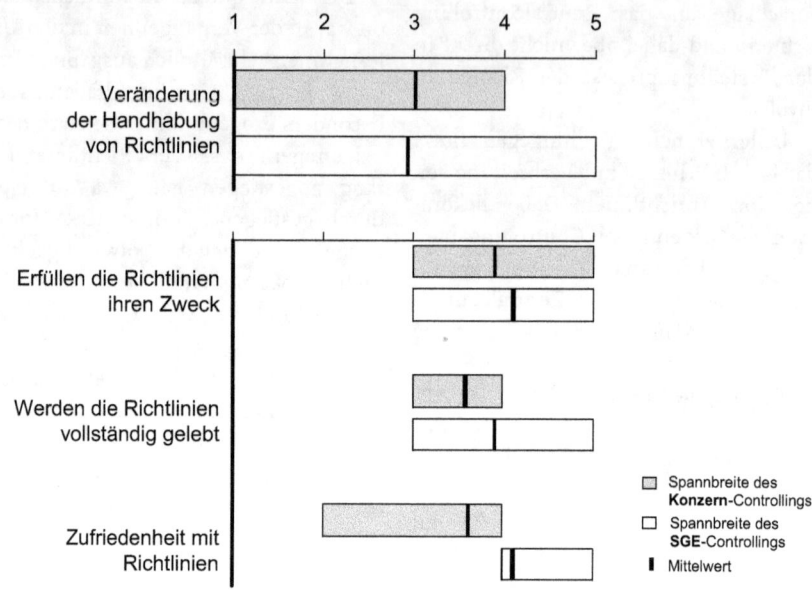

Abbildung 23: Veränderung der Handhabung und Effektivität von Richtlinien

Maßnahmen im Bereich Richtlinien

Machen Sie Richtlinien für die Adressaten einfacher zugänglich!

Potenzielle Elemente der Gestaltungsmöglichkeit im Zusammenhang mit Richtlinien sind in Richtlinienkultur (Umgang mit Richtlinien) sowie Anwenderfreundlichkeit unterteilt (siehe Abbildung 24).

Hinweise aus den Gesprächen im Bereich der Richtlinienkultur bezogen sich beispielsweise auf die hohe Bedeutung von kontinuierlichen Verbesserungen der Richtlinien durch die Controlling Community. Kommunikation und Verständnis von Konzern- und SGE-Controlling »neben dem Richtlinienhandbuch« wurden als besonders relevant eingeschätzt. Wenn Sie als Controller entsprechend Richtlinien anpassen wollen, ist es erforderlich, eine rechtzeitige und geeignete Einbindung der SGEs in den Richtlinienprozess sicherzustellen. Zusätzlich sollten Sie dabei gleichzeitig potenzielle Überregulierungen identifizieren und reduzieren.

Im Bereich der Anwenderfreundlichkeit haben Sie als Controller die Chance, positives Feedback über die Optimierung der Richtlinien sicherzustellen. Dazu sollten Sie die Richtlinien einfach zugänglich machen, sie verschlagworten, Suchfunktionen etablieren und dadurch die Bereitschaft zur Anwendung erhöhen. Ebenso spielt der einheitliche Aufbau von Richtlinien eine wesentliche Rolle.

In diesem Zusammenhang kann ein Unternehmensbeispiel zur Verdeutli-

	Beispielhafte Maßnahmen
Richtlinienkultur	- Gemeinsame kontinuierliche Verbesserung durch die Community - Intensivere Kommunikation (Änderung der Richtlinien und Ansprechpartner) - Den Sinn von Richtlinien beachten, statt sie wörtlich auszulegen - Einbindung bzw. Erhaltung eines Gestaltungsspielraumes für die SGEs - Überregulierung reduzieren
Anwenderfreundlichkeit	- Vereinheitlichung der Strukturen, Qualitätsmanagementsystem einführen - Anwendung erleichtern (adressatengerechte Aufbereitung, feste Ansprechpartner) - Verbesserung der Zugangsmöglichkeiten (z.B. Bereitstellung im Intranet) - Suchfunktionen ausbauen (z.B. Schlagwortindex) - Einheitlicher Aufbau aller Richtlinien

Abbildung 24: Elemente und Maßnahmen im Bereich Richtlinien

chung beitragen: Das Unternehmen »Z« hat eine einheitliche Struktur aller Richtlinien sowie einen definierten Freigabeprozess für Richtlinien institutionalisiert.

Das Richtliniendokument ist systemseitig gestützt und die »Stammdaten« zur Richtlinie (Verfasser, Herausgeber, Gültigkeit et cetera) werden zentral gespeichert. Die Anwenderfreundlichkeit wird durch eine einheitliche Struktur gewährleistet und damit die Wiedererkennung erhöht.

Der Freigabeprozess für neue Richtlinien ist unternehmensweit standardisiert. Dabei sind die beteiligten Abteilungen angesprochen, die eingebunden werden müssen. Zusätzlich wird sichergestellt, dass die Besonderheiten von Landesgesellschaften berücksichtigt werden. Durch dieses institutionalisierte »Mehr-Augen-Prinzip« wird zugleich das Qualitätsniveau der Richtlinien kontinuierlich verbessert.

Lessons Learned

Als zweite Möglichkeit zur Verbesserung der Zusammenarbeit zwischen zentralem und dezentralem Controlling wurden Richtlinien identifiziert. Durch sie können Sie die Kommunikation erleichtern, Qualität von organisatorischen Abläufen sichern und die Einhaltung der Kontrolle und Compliance gewährleisten. Deutsche Großunternehmen nutzen dieses Instrument bereits in den wesentlichen Kernbereichen des Controllings, wie eine Relevanz von 50 bis 80% der Richtlinien bei Planung, Investition und Reporting zeigt. Selbstverständlich sind auch bei diesem Instrument die Kosten zu beachten. In den meisten Unternehmen wird dies berücksichtigt, da gerade Effizienzgewinne durch Einheitlichkeit und Standardisierung als wesentliches Ziel von Richtlinien angesehen werden. Bei der Erarbeitung der Richtlinien erweist es sich

Richten Sie ein Qualitätsmanagement für Richtlinien ein

zudem als äußerst ratsam, wenn Sie bereits frühzeitig alle »Stakeholder« mit einbinden beziehungsweise auf ihre Bedürfnisse eingehen. Dadurch können Sie später potenziell auftauchende Fragestellungen und Einzelfallregelungen vermeiden und der betriebliche Ablauf bleibt ungestört. Nehmen Sie sich also einmal am Anfang ausreichend Zeit, um später viele Nachfragen zu vermeiden! Dies reduziert zugleich die Gefahr einer Überregulierung und ermöglicht, ein gemeinsames Verständnis über Richtlinien aufzubauen. Schließlich sollte immer der Zweck einer Richtlinie im Vordergrund stehen und nicht deren wortwörtliche Auslegung.

Erfolgsfaktor Kommunikation: Controlling Community

Bedeutung der Controlling Community

> Controlling Community ist in erster Linie eine Frage von Unternehmenskultur und Personalmanagement

In diesem Kapitel wird nach »Controlling IT-Systemen« und »Richtlinien« der dritte der identifizierten Erfolgsfaktoren für die Gestaltung der Zusammenarbeit von zentralem und dezentralem Controlling diskutiert. Als Controlling Community wird die Gemeinschaft derjenigen im Unternehmen verstanden, die sich dem Controlling zugehörig fühlen. Im Mittelpunkt steht dabei die Frage, mit welchen Mitteln die Zusammenarbeit und Leistung innerhalb der Community sichergestellt und gefördert werden kann. Weber/Schäffer (2006) verweisen in diesem Zusammenhang auf die Wichtigkeit des grundsätzlichen Verhältnisses von zentralem und dezentralem Controlling. Diese Fragestellungen weisen starke Verbindungen zur Thematik des Personalmanagements auf. In der betriebswirtschaftlichen Literatur wird Personalmanagement als ein wesentlicher strategischer Erfolgsfaktor der Unternehmensführung gesehen beim Ziel, eine möglichst hohe Arbeitsproduktivität der Mitarbeiter zu erreichen. Die moderne Personalwirtschaftslehre sieht die Mitarbeiter nicht länger mehr als bloße Produktionsfaktoren, sondern als Mitglieder einer Organisation, deren Bedürfnisse und Qualifikationen zur Erzielung einer möglichst hohen Arbeitszufriedenheit und somit auch Arbeitsleistung zu berücksichtigen sind. Dabei kommt sowohl physischen Ressourcen (wie etwa der Ausrüstung), Humanressourcen (beispielsweise individuelle Leistungsfähigkeit) als auch organisationalen Ressourcen (wie Organisationsstruktur, Managementsystemen und sozialen Beziehungsnetzwerken) eine besondere Bedeutung zu.

Personalmaßnahmen können sich also in einem weit gesteckten Feld bewegen. In der Literatur werden im Wesentlichen vier große Handlungsfelder oder Instrumentenkategorien des Personalmanagements aufgeführt: Personalbedarfsplanung und Personalbedarfsdeckung, Personaleinsatz, Personalentlohnung und Personalführung. Weiterhin wird noch auf wichtige Kontextfaktoren hingewiesen wie zum Beispiel Kultur oder Philosophie des Unternehmens beziehungsweise des betreffenden Bereichs. Die vier genannten Kategorien umfassen eine Reihe von konkreten Instrumenten und Methoden. Das Feld der Personalbedarfsplanung und -deckung beinhaltet alle Maßnahmen und Methoden zur Bedarfsermittlung und Beschaffung wie Werbung, Marketing, Auswahl und Einstellung. Auch Methoden und Praktiken der Personalentwicklung fallen in dieses Feld. Beim Handlungsfeld Personaleinsatz geht es unter anderem um die Gestaltung von Arbeitsinhalten, Aufgabengestaltung und Spezialisierung. Die Personalentlohnung greift alle Fragen der Beurteilung und der Vergütung auf. Bei der Personalführung geht es um alle Themen rund um den Führungsprozess, unter anderem um Führungsphilosophie, Führungsdurchsetzung und Kontrolle (vergleiche Holtbrügge 2005, Hentze/Kammel 2001, Baron/Kreps 1999).

Die Ausführungen zeigen, wie bedeutsam und wie vielseitig die Thematik ist. Gestützt auf diesen gedanklichen Rahmen verdeutlichen die nachfolgenden Ausführungen wesentliche Einflussfaktoren und Voraussetzungen für eine gute Zusammenarbeit zwischen zentralem und dezentralem Controlling. Ziel ist es, zu Aussagen auf Ebene von konkreten Handlungsfeldern für Sie als Controller zu gelangen: Welche Instrumente stehen dem Controlling zur Verfügung, um die zentral-dezentrale Zusammenarbeit zu gestalten? Dazu wurde ein Analysegerüst entwickelt, das sich Grundgedanken von Personalmanagement und Unternehmenskultur zunutze macht und wesentliche Elemente zum Aufbau und zur Gestaltung einer Community umfasst.

Diese Elemente lassen sich in Form von fünf Kernfragestellungen formulieren:

- Gibt es ein gemeinsames Grundverständnis der zentralen und dezentralen Controllingbereiche?
- Gelingt es dem Controlling, geeignete Mitarbeiter mit einem kompatiblen Profil einzustellen?
- Mit welchen Methoden und Verfahren können Sie die Kenntnisse und Fertigkeiten Ihrer Mitarbeiter auf ein einheitlich hohes Niveau bringen?
- Wie können Sie die Basis für eine gute Zusammenarbeit im Controlling schaffen?
- Mit welchen Methoden können Sie arbeiten, um das aufgebaute Knowhow zu managen und auch bei Ausscheiden von Mitarbeitern zu erhalten?

Diese fünf Kernfragestellungen lassen sich zu den Elementen Leitbild/Vision, spezifisches Recruiting, systematische Personalentwicklung, Zusammenarbeit in der Community und Knowhow-Management verdichten. In der folgenden Analyse wird jedes der Elemente detailliert untersucht. Dazu werden pro Element die wesentlichen Instrumente und Ausprägungen betrachtet. Untersuchungsgegenstand sind dabei die Konzerncontrollingabteilungen und je ein bis zwei SGE-Controllingabteilungen pro befragtem Unternehmen.

Leitbild/Vision

Im ersten Teil der Analyse geht es darum, ob und inwieweit ein gemeinsames Grundverständnis von zentralen und dezentralen Controllerbereichen gegeben ist, zum Beispiel in Form eines Leitbildes beziehungsweise einer Vision für das Controlling. Die Untersuchung gliedert sich in vier Schritte (vergleiche dazu auch Abbildung 25): Zunächst wurde erhoben, ob ein Leitbild für das Gesamtunternehmen (also nicht control-

Dem Controlling stehen fünf Stellhebel zur Verfügung, um die Community zu gestalten

Häufigkeit der Zustimmung zu den Aussagen (%)

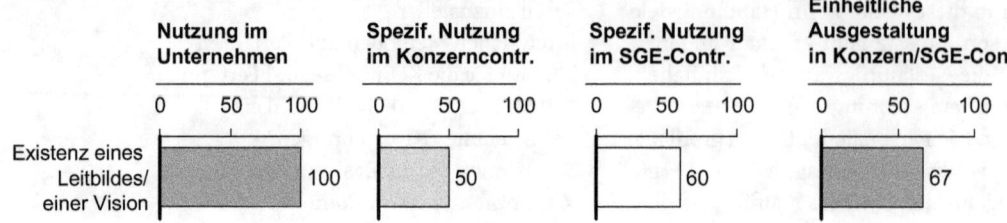

Abbildung 25: Existenz eines Leitbildes/einer Vision für das Controlling

Nur ein Bruchteil der Controllingbereiche weist ein einheitliches und dokumentiertes Grundverständnis auf

lingspezifisch) existiert. Dies bejahten alle Befragten. Ein controllingspezifisches Leitbild nutzt die Hälfte der Konzerncontrollingabteilungen. Auch 60 % der SGE-Controllingabteilungen verwenden ein controllingspezifisches Leitbild. Allerdings greifen nur zwei Drittel der SGE-Controllingabteilungen, die ein Leitbild nutzen, auf das gleiche Leitbild wie ihr Konzerncontrolling zurück.

Als eine erste Erkenntnis lässt sich also festhalten, dass nur etwa die Hälfte der untersuchten Bereiche ein Leitbild aufweist und dass dieses nur in zwei Drittel der Fälle im zentralen und dezentralen Controlling identisch ist.

Recruiting

Im zweiten Schritt der Untersuchung geht es um den Bereich Recruiting. Zunächst wurden Herkunft und weitere Entwicklung der Mitarbeiterschaft betrachtet, das heißt analysiert, welche typischen vorangegangenen Karriereschritte und welche typischen folgenden Karriereschritte für Controllingmitarbeiter kennzeichnend sind. Diese Entwicklungsschritte wurden entlang der Kategorien »andere Unternehmen«, »Linienfunktion«, »Controlling«, »Finanzen und Rechnungswesen« und »Andere« (zum Beispiel Studium, Promotion) erhoben. In Abbildung 26 sind die Ergebnisse dieser Erhebung dargestellt. Aus der Grafik lassen sich zwei zentrale Aussagen ableiten: Erstens, die meisten Mitarbeiter verbringen ihre Karriere innerhalb des Controllings. Auf Konzern- und SGE-Ebene ist die größte Quelle des Recruiting das Controlling selbst (37 % beziehungsweise 40 %). Auch in der weiteren Entwicklung bleiben die Controllingmitarbeiter typischerweise ihrer Funktion treu (62 % beziehungsweise 52 %).

Zweitens, Seiteneinsteiger ins Controlling kommen hauptsächlich als Senior People (26 % Kategorie »andere Unternehmen«) ins Konzerncontrolling oder als Neueinsteiger ins SGE-Controlling (27 % Kategorie »Andere«). Diese Zahlen untermauern eine These, die uns im Rahmen der Interviews häufig bestätigt wurde, nämlich dass dem SGE-Controlling eine wichtige Rolle bei der Erstqualifizierung von Neueinsteigern zukommt. Im Konzerncontrolling werden hingegen vorzugsweise Mitarbeiter mit Berufserfahrung eingestellt, entweder aus den SGEs oder aus anderen Unternehmen.

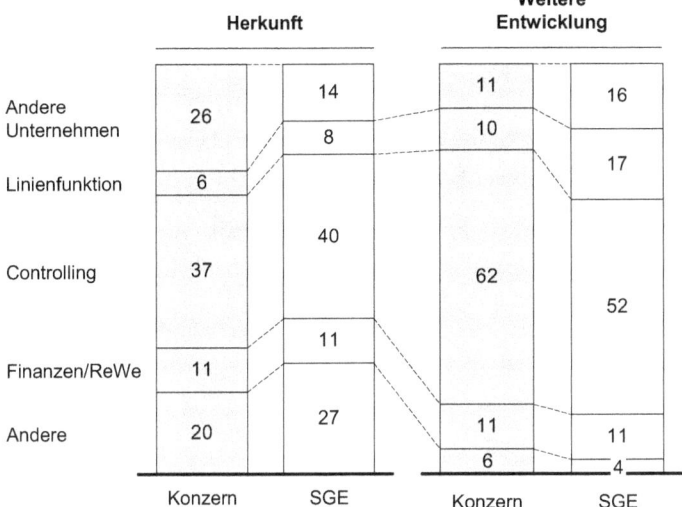

Abbildung 26: Herkunft und weitere Entwicklung der Controllingmitarbeiter

Zusammenfassend lässt sich sagen, dass die genannten Aussagen auf eine enge Verzahnung und Abhängigkeit von zentralem und dezentralem Controlling beim Recruiting hindeuten. Das bedeutet, dass für eine effektive Personalgewinnung und -entwicklung eine abgestimmte Personalstrategie ein wichtiger Hebel ist. Inwieweit dies gegeben ist, ist Thema des folgenden Analyseschrittes.

Abbildung 27 zeigt die Ergebnisse dieses Analyseschrittes. Hier sind wesentliche Elemente einer Personalstrategie aufgelistet und deren Ausprägung auf Konzern- und SGE-Ebene untersucht worden. Die Spalte »Einheitliche Ausgestaltung in Konzern-/SGE-Controlling« greift die Frage nach der Abgestimmtheit der Instrumente auf. Die folgenden Ergebnisse lassen sich aus der Grafik ablesen: Die große Mehrzahl der Befragten verfügt zwar über Anforderungsprofile für Mitarbeiter. In nur knapp einem Viertel der betrachteten Fälle besteht jedoch eine Identität dieser Profile auf Konzern- und SGE-Ebene. Das heißt, es existiert kein einheitliches Verständnis darüber, welche Typen von Mitarbeitern eingestellt und über welche Eigenschaften sie verfügen sollen. Im Sinne einer ganzheitlichen Personalstrategie wäre dies aber notwendig und wünschenswert.

Weiterhin liegt eine definierte Recruiting-Strategie dann vor, wenn eindeutig festgelegt ist, wo die geeigneten Profile zu finden sind und wie sie für das Unternehmen begeistert werden sollen. Nur 70 % der Befragten sagen aus, dass eine solche Strategie für ihr Gesamtunternehmen besteht. Im Hinblick auf eine controllingspezifische Strategie bejahen dies nur jeweils die Hälfte der Befragten. In keinem der Fälle besteht eine identische Recruiting-Strategie auf Konzern- und SGE-Ebene. Diese Ergebnisse über-

Eine gesamtheitliche Personalstrategie für das Controlling ist von zentraler Bedeutung für die Mitarbeitergewinnung ...

raschen insofern, als eine definierte Strategie als wichtigstes Einzelinstrument unter den Recruiting-Instrumenten angesehen wird (graue Hinterlegung in Abbildung 28).

Über einen definierten Personalauswahlprozess verfügt die Mehrzahl der Befragten in Konzern und SGE, aber in nur knapp einem Viertel der Fälle ist dieser einheitlich ausgestaltet. Programme zur Einarbeitung neuer Mitarbeiter sind bei 40 % der befragten Konzern- und SGE-Einheiten vorhanden und zur Hälfte einheitlich ausgestaltet.

... derzeit aber nur in wenigen Fällen gegeben

Die wesentliche Erkenntnis dieser Aussagen lautet, dass über alle befragten Einheiten hinweg betrachtet von einer einheitlichen und abgestimmten Personalstrategie zwischen Konzern und SGE allenfalls in Ansätzen die Rede sein kann, obwohl eine solche von zentraler Bedeutung ist (wie die Ausführungen zu Herkunft und Entwicklung der Mitarbeiterschaft zeigen) und diese Bedeutung von den befragten Unternehmen auch betont wird.

Personalentwicklung

Beim Thema Personalentwicklung geht es um die Frage, mit welchen Methoden Sie die Kenntnisse und Fertigkeiten Ihrer Mitarbeiter weiterentwickeln und auf ein einheitlich hohes Niveau bringen können. Die Bedeutung dieses Punktes wurde auch in den Gesprächen mit Unternehmensvertretern häufig hervorgehoben. Gerade aus dezentraler Sicht fällt die operativ-technische Umsetzbarkeit mancher Vorgaben und Richtlinien von Konzernseite manchmal schwer; intensivere Trainings könnten hier Abhilfen schaffen. Abbildung 28 zeigt wichtige Instrumente der Personalentwicklung, ihre Nutzungsintensität in den Unternehmen (zentral und dezentral) sowie die Einheitlichkeit der Ausgestaltung. Die von den Unternehmen

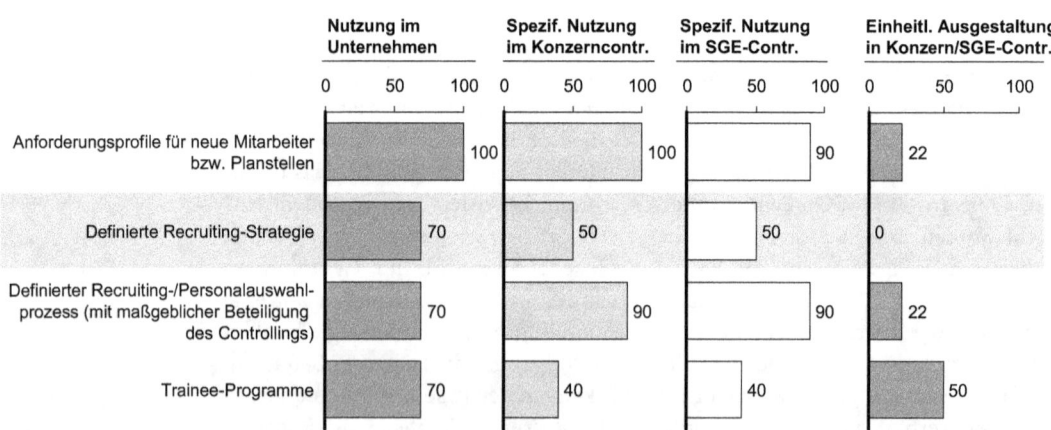

Abbildung 27: Nutzung und Ausprägung von Instrumenten des Recruiting

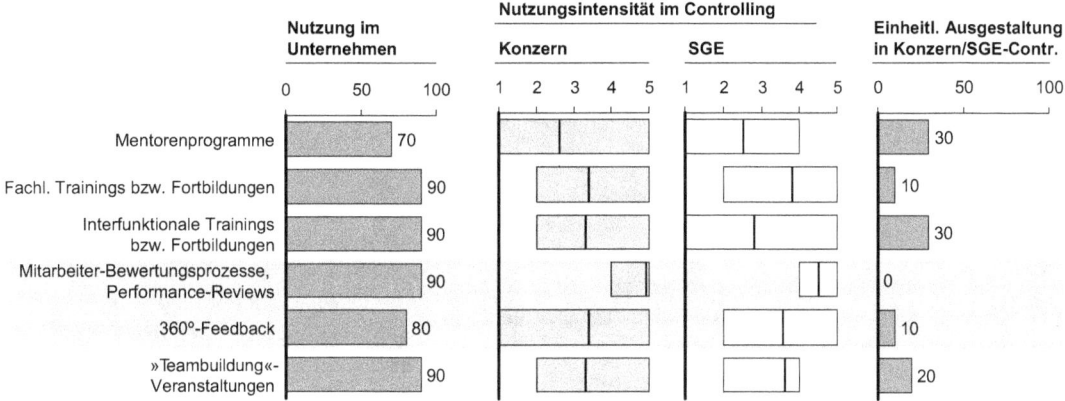

Abbildung 28: Nutzung und Ausprägung von Instrumenten zur Personalentwicklung

als besonders wichtig erachteten Instrumente Bewertungsprozesse, Reviews und Feedback sind wiederum optisch hervorgehoben. Im Wesentlichen lassen sich drei Aussagen ableiten: Die Controllingabteilungen nutzen nicht durchgängig alle zur Verfügung stehenden Instrumente. Während im Gesamtkonzern noch alle aufgeführten Instrumente genutzt werden, zeigt sich in den Controllingeinheiten eine uneinheitliche Nutzung. Das heißt, manche Abteilungen nutzen die Instrumente sehr intensiv, andere gar nicht (vergleiche beispielsweise die Angaben zu Mentorenprogrammen und Trainings). Ein weiterer Erfahrungswert, den wir Ihnen mit auf den Weg geben können, ist die Intensität und positive Beurteilung der Mitarbeiter-Bewertungsprozesse. Für uns erstaunlich war der Umfang, in dem das Leistungspotenzial jedes einzelnen Mitarbeiters aufgelistet und beurteilt wurde. Ebenso erstaunlich war die durchgängig hohe Wertschätzung, die nicht nur vom Vorgesetzten, sondern auch vom Beurteilten dem Prozess entgegengebracht wurde. Wichtige Voraussetzung ist jedoch eine hohe Transparenz sowie objektive und faire Beurteilung.

Auch wenn Instrumente im Controlling genutzt werden, so sind deren Ausgestaltungen meist zentral und dezentral verschieden. Auffällig ist dies beispielsweise bei Trainings und Fortbildungen (30 %). Das bedeutet, dass zentrale und dezentrale Einheiten überwiegend zu unterschiedlichen Themen geschult werden. Auch dies ist uns in vielen Gesprächen als negativer Punkt genannt worden.

Die als besonders wichtig genannten Instrumente werden durchgehend intensiv genutzt, insbesondere Bewertungsprozesse und Performance-Reviews. Doch auch hier sticht eine geringe Einheitlichkeit der Verfahren auf Konzern- und SGE-Ebene hervor.

Insgesamt zeigt sich im Bereich der Personalentwicklung noch Nachholbedarf. Controller werden zwar intensiv geschult und erweitern ihre Kenntnisse

Bringen Sie zentral und dezentral die Mitarbeiter auf ein kompatibles Leistungsniveau

Eine Zusammenarbeit in der Community erfolgt regelmäßig – die meisten Unternehmen setzen auf gemeinsame Projekte und Treffen

und Fertigkeiten. Zentrales und dezentrales Controlling beschreiben jedoch unterschiedliche Wege, da die Maßnahmen nur zum geringen Teil aufeinander abgestimmt oder identisch sind. Für eine gut funktionierende und lebhafte Community ist es jedoch wichtig, dass sich Kenntnisse und Fertigkeiten von Mitarbeitern des zentralen und des dezentralen Controllings auf einem vergleichbar hohen Niveau befinden, wobei es selbstverständlich Unterschiede in den thematischen Schwerpunkten geben kann und muss. Nur so ist eine vertrauensvolle Zusammenarbeit »auf Augenhöhe« möglich, etwa bei gemeinsamen Projekten oder auch im Rahmen eines regelmäßigen Austauschs von Mitarbeitern.

Zusammenarbeit in der Community

In diesem Abschnitt wird die Zusammenarbeit in der Community behandelt, also die Frage, mit welchen Instrumenten die Basis für eine gute Zusammenarbeit von zentralem und dezentralem Controlling gelegt wird. Das heißt, inwieweit gibt es Konferenzen und Kongresse, an denen Controller aus Konzern und SGE teilnehmen? Gibt es gemeinsame Projekte, an denen gearbeitet wird? Sind regelmäßige operative Treffen etabliert, in denen bestimmte Sachverhalte besprochen werden, oder finden solche Absprachen stark informell statt? Und gibt es einen regen Transfer von Mitarbeitern innerhalb des Controllings oder mit anderen Abteilungen, um

Häufigkeit der Zustimmung zu den Aussagen (%) bzw. Nutzungsintensität – von »Schwach« (1) bis »Stark« (5)

	Nutzung im Unternehmen	Nutzungsintensität im Controlling Konzern	SGE
Konferenzen, Kongresse, Tagungen	100		
Gemeinsame Projekte, Workshops	90		
Interfunktionale Teams	90		
Operative Treffen	90		
MA-Austausch zw. Konzern-/SGE-Contr.	80		
MA-Austausch mit anderen Abteilungen	N/A		
Informeller Info-Austausch	80		
Vorschlagswesen	70		

Abbildung 29: Nutzung und Ausprägung von Instrumenten zur Verstärkung der Zusammenarbeit

Erfolgsfaktoren für eine effektive Zusammenarbeit

Know-how auszutauschen und die informelle Basis für eine intensive Zusammenarbeit zu stärken? Die Ergebnisse sind in Abbildung 29 wiedergegeben.

Zusammenfassend ergeben sich folgende Erkenntnisse: Die Unternehmen setzen im Wesentlichen auf gemeinsame Projekte, Workshops und die Arbeit in interfunktionalen Teams sowie operative Treffen, um die Zusammenarbeit in der Community zu fördern. Dieses Verhalten lässt sich für alle Unternehmen fast durchgängig ausmachen. Es sind auch genau diese Instrumente, die von den befragten Unternehmen als besonders wichtig und zur Intensivierung einer Zusammenarbeit als besonders förderlich erachtet werden (graue Hinterlegung in Abbildung 30). Ein interessanter Erfahrungswert war, dass bereits die bloße Nennung und Erläuterung dieser Instrumente bei Controllern, die sie noch nicht genutzt haben, zur Verwendung geführt haben! So wurde von einem Konzerncontroller infolge unserer Befragung seit längerer Zeit wieder eine Controller-Tagung angesetzt, um die Kommunikation seiner Controllingmitarbeiter zu fördern.

Hier ist erkennbar, dass es sich um relativ aufwandsarm umsetzbare Instrumente handelt. Vielleicht führt die Lektüre dieses AC-Bandes zu einer ähnlichen Reaktion bei Ihnen!

Über einen institutionalisierten Austausch hinaus findet auch ein informeller Informationsaustausch bei den meisten Unternehmen statt – ein wesentlicher Eckpfeiler für eine effektive Zusammenarbeit der Controllingbereiche. Dieses Ergebnis macht die Wichtigkeit einer von Vertrauen und Offenheit geprägten Unternehmenskultur deutlich.

Andere Instrumente wie der Besuch von Kongressen und Tagungen sowie ein regelmäßiger Austausch von Mitarbeitern werden weniger stark genutzt. Hier findet sich auch die schon an anderen Stellen aufgefallene Spreizung wieder: Einige Unternehmen machen intensiv von den Instrumenten Gebrauch, andere hingegen kaum oder gar nicht.

Insgesamt zeigt die Analyse, dass die zentral-dezentrale Zusammenarbeit in der Community bereits auf eine gute Grundlage gestellt ist. Fast alle Unternehmen messen einem regelmäßigen Austausch eine wichtige Bedeutung bei und fördern diesen Austausch durch regelmäßige Treffen, Projekte und Workshops. Auch die Wichtigkeit einer informellen Basis wird von den meisten Unternehmen erkannt und berücksichtigt.

Know-how-Management

Das fünfte und letzte der Elemente zur Gestaltung einer Community betrifft das Thema Know-how-Management. Dabei geht es um zwei Kernpunkte. Erstens: Inwieweit wird Wissen gemanagt? Besteht Klarheit darüber, was Kernwissen oder Kernkompetenzen der Controllingbereiche sind und wo dieses Wissen lokalisiert sein soll? Zweitens: Inwieweit ist eine Konservierung und Übergabe von Know-how gewährleistet, falls Mitarbeiter ausscheiden?

Abbildung 30 zeigt hierzu wichtige Ergebnisse der Befragung. Zusammenfassend lässt sich auch hier erkennen, dass der Grad der Nutzung möglicher Instrumente sehr breit gespreizt ist, sowohl auf Ebene des Controllings als auch im Gesamtunternehmen. Das heißt, wir finden Unternehmen und Ab-

Häufigkeit der Zustimmung zu den Aussagen (%)

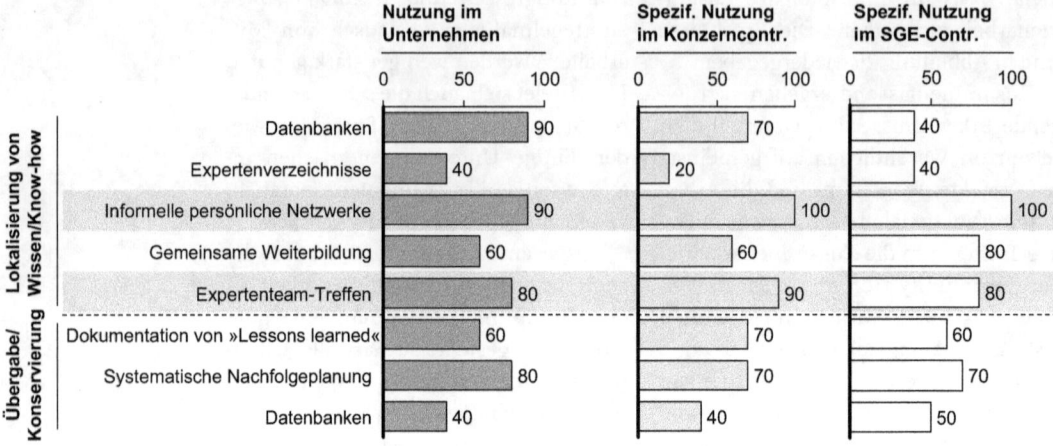

Abbildung 30: Nutzung und Ausprägung von Instrumenten zum Know-how-Management

Auch im Bereich des Know-how-Managements besteht zum Teil noch Nachholbedarf

teilungen, die von vielen Instrumenten intensiven Gebrauch machen, und andere Unternehmen und Abteilungen, die nur ausgewählte Instrumente nutzen. Fast alle greifen aber beim Know-how-Management auf informelle persönliche Kontakte und Expertennetzwerke zurück. Dies sind auch die Instrumente, die von den Befragten als vergleichsweise wichtig eingeschätzt werden (graue Hinterlegung in Abbildung 31).

Insgesamt lässt sich sagen, dass zwar viele Unternehmen die Wichtigkeit des Managements von Know-how erkennen und auch in diesem Bereich aktiv sind; allerdings finden wir hier weit weniger Unternehmen als erwartet. Weiterhin ist bemerkenswert, dass Wissen eher auf informelle als auf systematische Art gemanagt wird. Bei Controllern sind spezifische Kenntnisse und Fertigkeiten an Einzelpersonen gebunden. Genau deshalb ist ein institutionalisiertes und systematisches Know-how-Management in wissensintensiven Bereichen wie dem Controlling von zentraler Bedeutung. Nur wenn es dem Controlling gelingt, Wissen und Fähigkeiten systematisch aufzubauen und zu erhalten, kann es seine Funktion als Sparringspartner des Managements erfolgreich wahrnehmen.

Entwicklungsstand der Controlling Community in deutschen Großkonzernen

Im ersten Abschnitt ging es um die Möglichkeiten, die Controllern zur Verfügung stehen, um eine Community zu gestalten. Dazu haben wir uns fünf Elemente angesehen und die wesentlichen Instrumente betrachtet. Ziel dieses Kapitels ist es nun, einen Blick auf die Elemente insgesamt zu werfen und deren relative Bedeutung zu messen. Weiterhin stellen wir auch die Frage, wie zufrieden die Unternehmen mit dem Status quo sind beziehungsweise welchen Umsetzungsgrad sie in den Elementen erreicht haben.

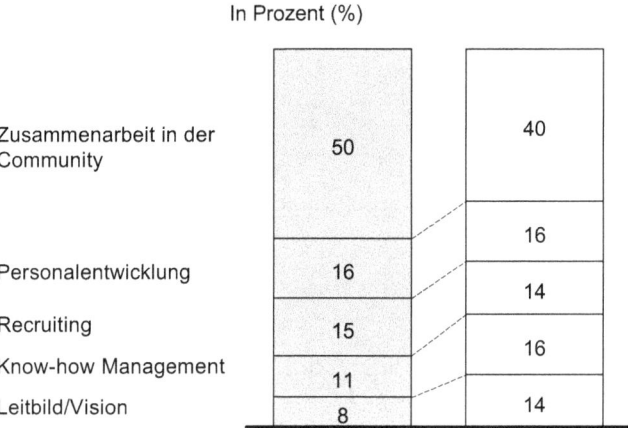

Abbildung 31: Relative Bedeutung der Elemente der Controlling Community

Zum ersten Punkt wurden die Unternehmen darüber befragt, welche relative Bedeutung sie den einzelnen Elementen beimessen. Abbildung 31 zeigt das Resultat dieser Erhebung. Sowohl Konzern- als auch SGE-Controlling sehen die Zusammenarbeit in der Community als wichtigstes und die Personalentwicklung als zweitwichtigstes Element an.

Die wesentlichen Unterschiede zwischen zentraler und dezentraler Sichtweise finden sich bei Leitbild/Vision und Know-how-Management. Diese Elemente werden von der SGE-Seite stärker betont. Wenn Sie sich mit dieser Rangfolge identifizieren können, kann sie Ihnen bei der Priorisierung von Maßnahmen zur Stärkung der Zusammenarbeit zwischen zentralem und dezentralem Controlling helfen!

Im nächsten Schritt wurden die Unternehmen dazu befragt, wie zufrieden sie sich mit der Umsetzung der einzelnen Elemente zeigen. Das Resultat gibt Abbildung 32 wieder. Zusammenfassend lässt sich konstatieren, dass sich das bekannte Bild aus dem vorherigen Kapitel »Richtliniensituation in deutschen Großkonzernen« auch hier zeigt: Konzern und SGE sehen sich bei den als wichtig erachteten Elementen wie Zusammenarbeit in der Community bereits auf einem guten, bei den anderen Elementen auf einem eher mittleren Niveau. Des Weiteren ist wieder eine deutliche Spreizung der Antworten zu verzeichnen. Manche Unternehmen zeigen sich sehr aktiv in den einzelnen Elementen und sehr zufrieden mit dem bereits Erreichten, andere hingegen kaum. Besonders beim Know-how-Management und bei Leitbild/Vision sticht dies hervor.

Voraussetzungen für den Aufbau einer effektiven Community

Nachdem im vorigen Kapitel die einzelnen Elemente und deren Bedeutung diskutiert worden sind, soll abschlie-

Zusammenarbeit in der Community als wichtigster Gestaltungsfaktor – hier sind die Unternehmen bereits auf einem guten Weg

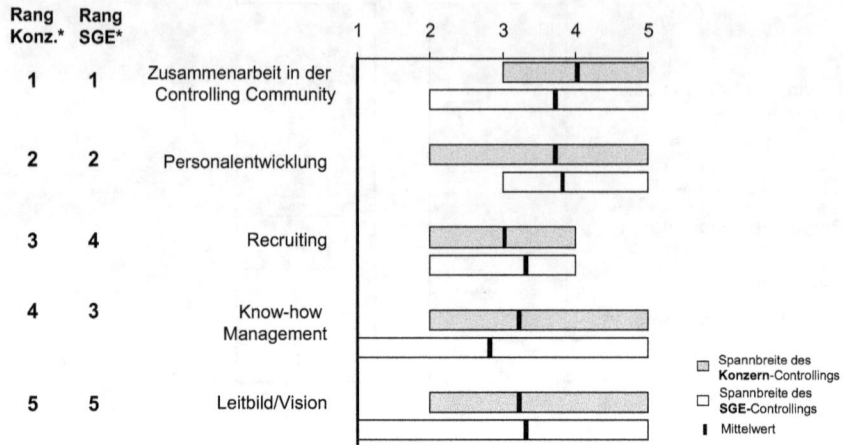

Abbildung 32: Grad der Umsetzung der Elemente der Controlling Community

Gemeinsames Grundverständnis, Unternehmenskultur und regelmäßige Interaktionen sind Voraussetzungen für eine effektive Community

ßend noch auf das Thema der Gestaltungsmöglichkeiten einer Community eingegangen werden. Was sind wesentliche Hebel oder Voraussetzungen, eine Controlling Community effektiv zu gestalten? Auch dazu haben wir die Unternehmen in Form einer offenen Frage gebeten, Stellung zu nehmen. Aus den Antworten ließen sich drei Cluster von Gestaltungsmöglichkeiten identifizieren:

- eine Kultur des Vertrauens und der Offenheit,
- ein gemeinsames Grundverständnis über das Controlling und die Rolle und die Aufgaben von Controllern sowie
- eine regelmäßige Interaktion aller Beteiligten.

In Abbildung 33 sind diese Ergebnisse zu sehen – ergänzt um einige ausgewählte, repräsentative Zitate, die diese Punkte noch einmal hervorheben. Insbesondere wurden folgende Aspekte in den Antworten herausgestellt: Die Wichtigkeit des persönlichen Verhältnisses, die Notwendigkeit, die richtigen Mitarbeiter mit dem richtigen Controllingverständnis zu rekrutieren, und schließlich regelmäßige Kontakte bei Kongressen, Treffen und Projekten et cetera.

Betrachtet man die drei identifizierten Hebel aus der Perspektive der Beeinflussbarkeit und Operationalisierbarkeit, wird deutlich, dass zumindest zwei durch konkrete Maßnahmen des Controllings gestaltbar sind, nämlich das gemeinsame Grundverständnis und die Regelmäßigkeit der Interaktion. Dies ist ein äußerst wichtiges Ergebnis. Denn das bedeutet, dass eine Controlling Community keineswegs ein abstrakter Begriff ist, sondern durch konkrete, operative Handlungen aufgebaut werden kann!

Erfolgsfaktoren für eine effektive Zusammenarbeit

	Beispielhafte Ausgestaltung
Unternehmenskultur des Vertrauens und der Offenheit	- »**Vertrauensbasis** im Zusammenspiel von Konzerncontrolling und SGEs ...« - »Das **persönliche Verhältnis** zwischen den handelnden Personen ist sehr wichtig: Vertrauen, Offenheit, Verlässlichkeit ...« - »Informelle **Netzwerke** sind ebenfalls ein wichtiger Faktor: Man kennt die Ansprechpartner und kann sich abstimmen ...«
Gemeinsames Grundverständnis	- »**Rekrutierung** der richtigen Mitarbeiter mit dem richtigen Controllingverständnis, das auch gelebt wird ...« - »**Gemeinsame Vorstellung/Vision** des Controllings ...«
Regelmäßige Interaktionen	- »Weltweite **Kongresse** helfen bei Überbrückung der Entfernung ...« - »Regelmäßige **Treffen** mit anderen Abteilungen/Kollegen auf gleicher hierarchischer Ebene ...« - »**Controllingtreffen** sind sehr wichtig.«

Abbildung 33: Wesentliche Gestaltungsmöglichkeiten und Voraussetzungen für eine Controlling Community

Was können Sie konkret für die Gestaltung der Controlling Community in Ihrem Unternehmen tun? Nehmen Sie zunächst eine Bestandsaufnahme Ihres Controllingbereichs vor. Ordnen Sie Ihren Bereich entlang der fünf Elemente ein (vergleiche Kapitel »Bedeutung der Controlling Community«). Urteilen Sie, in welchen Bereichen Sie Stärken und in welchen Bereichen Sie Entwicklungspotenzial sehen. Diskutieren Sie mit Ihren Kollegen und Mitarbeitern, an welchen Stellen Sie Ihren Bereich verbessern wollen; die vorgestellten Instrumente und Methoden geben Ihnen Impulse und Anhaltspunkte. Dabei ist es notwendig, dass die Weiterentwicklungen gemeinsam, das heißt sowohl von zentraler als auch von dezentraler Seite getragen werden.

Lessons Learned

Die Controlling Community ist eine wichtige Gestaltungsgröße in der Beziehung von zentralem und dezentralem Controlling. Im Wesentlichen ist eine gut funktionierende Community das Ergebnis eines effektiven und ganzheitlichen Personalmanagements auf der Grundlage einer von Vertrauen und Offenheit geprägten Unternehmenskultur. Dem Controlling steht dabei ein Set von Instrumenten und Methoden zur Verfügung, die Community zu gestalten. Es gilt, ein einheitliches Controllingverständnis zu schaffen, eine abgestimmte Strategie zur Personalgewinnung zu fahren, durch gezielte Entwicklungsmaßnahmen zentrale und dezentrale Controller auf ein hohes und kompatibles Leistungsniveau zu bringen, den Austausch und die Zusammenarbeit zu fördern sowie Wissensaufbau und -erhalt durch ein systematisches Know-how-Management abzusichern. Der Umgang mit diesen fünf Kernhebeln gelingt den Controllern unterschiedlich gut. Die Ergebnisse der Analyse zeigen, dass Stärken vor allem in der Intensität

Sie als Controller haben alle Möglichkeiten, den Aufbau einer starken Controlling Community zu fördern!

Die größten Herausforderungen liegen in den Bereichen Personalgewinnung und Know-how-Management

der Zusammenarbeit liegen. Dieser Hebel wird auch als der wichtigste angesehen. Zentrale und dezentrale Controller arbeiten eng zusammen, sei es in Regelprozessen oder bei Projekten. Auch der Austausch auf informeller Basis funktioniert weitgehend gut. Die größten Herausforderungen liegen in den Bereichen Personalgewinnung und Know-how-Management. Bei der Personalgewinnung stellt die teilweise schwierige Verfügbarkeit von geeignetem Nachwuchs das Controlling vor Herausforderungen. Hier können Sie durch eine ganzheitliche und abgestimmte Personalstrategie Abhilfe schaffen und der engen Verzahnung von zentralem und dezentralem Controlling Rechnung tragen. Zurzeit ist dies jedoch nur in wenigen Unternehmen gegeben. Auch im Know-how-Management zeigt sich die Notwendigkeit eines institutionalisierten und systematischen Ansatzes. Nur so kann es Ihnen dauerhaft gelingen, notwendiges Wissen aufzubauen und zu erhalten und die Rolle eines Sparringspartners erfolgreich auszuüben.

4 Fazit

Der vorliegende Advanced Controlling-Band hat die unterschiedlichen Facetten der alltäglichen Zusammenarbeit zwischen zentralem und dezentralem Controlling näher beleuchtet. Obwohl Konzern- und SGE-Controlling ein sehr ähnliches Controllingverständnis besitzen und sich auch über die neue Rolle des Controllers in Richtung »interner Berater« einig sind, entstehen jedoch in wesentlichen Bereichen Abstimmungsschwierigkeiten. Erscheinen diese Probleme auf den ersten Blick noch unabhängig und unsystematisch, so lässt sich bei vertiefender Analyse feststellen, dass es sehr wohl gemeinsame Ursachen gibt. Wenn zentrales und dezentrales Controlling bei eher gestaltenden Tätigkeiten simultan viele ähnliche Rollen einnehmen, das heißt wenn sich beide zum Beispiel in den Rollen Berater, Entscheider und Ausführender sehen, dann kommt es zu Schwierigkeiten. Als Lösungsmöglichkeit dieser eventuell auch bei Ihnen bestehenden Herausforderungen möchten wir Ihnen die drei allgemeinen Erfolgsfaktoren Controlling IT-Systeme, Richtlinien und die Controlling Community mit auf den Weg geben.

Nutzen Sie die Möglichkeiten Ihres bereits bestehenden Controlling IT-Systems schon voll aus? Betreiben die dezentralen Controllingabteilungen in Ihrem Unternehmen vielleicht auch arbeitsintensive »Insellösungen«? Wissen Sie wirklich immer ganz genau, auf welchem System beziehungsweise mit welcher EDV-technischen Unterstützung die an Sie gelieferten Informationen entstehen? Falls nein, sollten Sie überlegen, wie Sie eine gemeinsame Datenbasis mit den dezentralen Controllingeinheiten schaffen! Nur wenn Sie tatsächlich auch über dasselbe diskutieren, können sie schnell und effizient zu gemeinsamen Lösungen kommen. Gleichzeitig könnten Sie die Funktionen Ihres Controlling IT-Systems auf die wichtigsten und zeitintensivsten Aufgaben ausdehnen, um auch diese effizient zu bewältigen.

Auch wenn Richtlinien teilweise noch als »unnötige Reglementierung« gesehen werden, sollten Sie dennoch überprüfen, ob es bei Ihnen nicht doch Routineaufgaben gibt, welche stets aufs Neue zu Problemen in der Zusammenarbeit führen. Nehmen Sie sich einmal Zeit und holen Sie alle Betroffenen an einen Tisch. Diskutieren Sie ausführlich über die Bedürfnisse und Herausforderungen. Diese Investition wird sich lohnen, da sie Ihre alltägliche Zusammen-

Sorgen Sie durch ein einheitliches Controlling IT-System für eine gemeinsame Datenbasis!

Gestalten Sie die drei Erfolgsfaktoren aktiv!

Schaffen Sie klare Vorgaben und eine Standardisierung durch Richtlinien!

Schaffen Sie eine Controlling Community, um die Kommunikation der Controller zu fördern!

arbeit von vielen kleinen Auseinandersetzungen entlasten wird! Zudem bekommen Sie einen tieferen Einblick in die Geschehnisse der dezentralen/zentralen Einheiten und können damit besser ein gegenseitiges Verständnis aufbauen.

Neben diesen eher formalen Instrumenten, sollten Sie auch die informelle Seite der Zusammenarbeit berücksichtigen. Mit Hilfe einer aktiven Controlling Community können Sie dieses Ziel verfolgen. Bereits bei der Auswahl neuer Mitarbeiter sollten Sie mit Ihren Kollegen zusammenarbeiten, da das Controlling (unabhängig ob zentral oder dezentral) häufig aus sich selbst heraus rekrutiert. Anschließend durchläuft der Controller verschiedene Entwicklungsstufen im Unternehmen. Dabei sollten Sie neben klassischen Personalentwicklungsinstrumenten wie fachlichen Fortbildungen oder Mentorenprogrammen auch auf Maßnahmen zurückgreifen, die zentrale und dezentrale Controller zusammenbringen. Nutzen Sie beispielsweise Controller-Konferenzen, um den Beteiligten eine Möglichkeit zu geben, sich persönlich kennen zu lernen. Dies wird sich in der alltäglichen Arbeit durch eine bessere Kommunikation und effizientere Erledigung der Aufgaben bezahlt machen. Falls ein Mitarbeiter eine Abteilung verlässt, sollten Sie zudem dafür sorgen, dass sein individuelles Wissen weiterhin erhalten bleibt. Gerade bei solch wissensintensiven Bereichen wie dem Controlling sammeln einzelne Mitarbeiter ein ungeheures Know-how. Nutzen Sie deshalb einfach zu implementierende Instrumente wie Übergabeprotokolle, um das Wissen zu erhalten und gleichzeitig den nachrückenden Controllern den Einstieg zu erleichtern.

Wie Sie sehen, können auch Sie als Controller in vielfältiger Art und Weise Einfluss auf die tägliche Zusammenarbeit der Controllingabteilungen nehmen. Sie können dazu einfache und effektiv implementierbare Instrumente nutzen. Auch wenn Ihnen die dafür notwendige Zeit auf Anhieb als zu umfangreich erscheint, sollten Sie sich dennoch ernsthaft überlegen, diese »Investition« in die Rahmenbedingungen der gemeinsamen Zusammenarbeit zu tätigen!

5 Literaturverzeichnis

Anthony, R. N./Govindarajan, V. (2007): *Management Control Systems*, 12. Auflage, New York.

Baron, J. N./Kreps, D. M. (1999): *Strategic Human Resources – Frameworks for General Managers*, New York.

Becker, M. (1999): *Personalentwicklung – Bildung, Förderung und Organisationsentwicklung in Theorie und Praxis*, 2. Auflage, Stuttgart.

Bühner, R. (1992): *Management-Holding*, Landsberg/Lech.

Eisenführ, F./Theuvsen, L. (2004): *Einführung in die Betriebswirtschaftslehre*, 4. Auflage, Stuttgart.

Eisenhardt, K. (1989): »Agency theory: An assessment and review«, in: *Academy of Management Review*, Vol. 14, Nr. 1, S. 57–74.

Glöckle, H. (2007): »IT-Integration und Migration – Konzepte und Vorgehensweisen«, in: Hildebrand, Knut (Hrsg.), *IT-Integration & Migration*, HMD 257, Heidelberg, S. 7–19.

Gutenberg, E. (1983): *Grundlagen der Betriebswirtschaftslehre* (Bd. 1: Die Produktion), 24. Auflage, Berlin u. a.

Hahn, D. (1987): »Controlling: Stand und Entwicklungstendenzen unter besonderer Berücksichtigung des CIM-Konzeptes«, in: Scheer, A.-W. (Hrsg.), *Rechnungswesen und EDV*, 8. Saarbrücker Arbeitstagung (Heidelberg), S. 3–39.

Heigl, A. (1989): *Controlling-Interne Revision*, 2. Auflage, Stuttgart/New York.

Hentze, J./Kammel, A. (2001): *Personalwirtschaftslehre* (Bd. 1: Grundlagen, Personalbedarfsermittlung, -beschaffung, -entwicklung und -einsatz), 7. Auflage, Bern u. a.

Holtbrügge, D. (2005): *Personalmanagement*, 2. Auflage, Berlin u. a.

Horváth, P. (1978): »Controlling: Entwicklung und Stand einer Konzeption zur Lösung der Adaptions- und Koordinationsprobleme der Führung«, in: *Zeitschrift für Betriebswirtschaft* (48. Jg.), S. 194–208.

Jones, G. R. (1994): *Organizational Theory – Text and Cases*, Reading, Massachusetts.

Kieser, A./Walgenbach, P. (2003): *Organisation*, 4. Auflage, Stuttgart.

Krüger, W. (1979): »Controlling: Gegenstandsbereich, Wirkungsweise und Funktionen im Rahmen der Unternehmenspolitik«, in: *Betriebswirtschaftliche Forschung und Praxis*, (31. Jg.), S. 158–169.

Küpper, W. (2005): *Controlling: Konzeption, Aufgaben, Instrumente*, 4. Auflage, Stuttgart.

Küpper, H.-U. (Hrsg.) (1987): »Konzeption des Controllings aus betriebswirtschaftlicher Sicht«, *Rechnungswesen und EDV*, 8. Saarbrücker Arbeitstagung, Heidelberg.

Küpper, H.-U./Weber J./Zünd A. (1990): »Zum Verständnis und Selbstverständnis des Controlling«, in: *Zeitschrift für Betriebswirtschaft* (60. Jg), S. 281–293.

Link, J. (1982): »Die methodologischen, informationswirtschaftlichen und führungspolitischen Aspekte des Controlling«, in: *Zeitschrift für Betriebswirtschaft*, (52. Jg.), S. 261–279.

Menzies, C. (2004): *Sarbanes-Oxley Act – Professionelles Management interner Kontrollen*, Stuttgart.

Mintzberg, H. (1979): *Structuring of Organizations*, Upper Saddle River.

Müller, W. (1974): »Die Koordination von Informationsbedarf und Informationsbeschaffung als zentrale Aufgabe des Controlling«, in: *Zeitschrift für betriebswirtschaftliche Forschung*, (26. Jg.), S. 683–693.

Seufert, A./Lehmann, P. (2006): *Business Intelligence – Status quo und zukünftige Entwicklungen*, Heidelberg, HMD 47, S. 21–32.

Siegwart, H., (Hrsg.) (1986): »Controlling-Konzepte und Controller-Funktionen in der Schweiz«, *Controlling-Konzepte im internationalen Vergleich*, 1. Kölner Kolloquium 15 Jahre AWW Köln, Freiburg i. Br.

Urwick, L. (1963): »Organization and Coordination«, in: Litterer, J. A. (Hrsg.), *Organization, Structures and Behavior*, New York, S. 64–75.

Weber, J. (2007): *Aktuelle Controllingpraxis in Deutschland*, Schriftenreihe Advanced Controlling, Band 59, Weinheim.

Weber, J./Nevries, P./Ines, C./Pfennig, C./Rambusch, R./Spatz, A. (2007): *Controller im Strategieprozess*, Schriftenreihe Advanced Controlling, Band 58, Weinheim.

Weber, J./Hirsch, B./Rambusch, R./Schlüter, H./Sill, F./Spatz, A. C. (2006): *Controlling 2006 – Stand und Perspektiven*, Vallendar.

Weber, J./Grothe, M./Schäffer, U.(1999): *Business Intelligence*, Schriftenreihe Advanced Controlling, Band 13, Vallendar.

Weber, J./Schäffer U. (1999): »Sicherstellung der Rationalität der Führung als Aufgabe des Controlling«, in: *Die Betriebswirtschaft* (59. Jg.), S. 731–747.

Weber, J./Schäffer, U. (2006): *Einführung in das Controlling*, 11. Auflage, Stuttgart.

Wolff, B./Lazear, E. P. (2001): *Einführung in die Personalökonomik*, Stuttgart.

6 Stichwortverzeichnis

a
Aufgabenprofile 16

c
Controllerrollen 12
Controlling Community 52
– Bedeutung 52
– Elemente zum Aufbau und zur Gestaltung 53
– Entwicklungsstand in deutschen Großkonzernen 60
– Know-how-Management 59
– Leitbild/Vision 53
– Personalentwicklung 56
– Recruiting 54
– Voraussetzungen für den Aufbau 62
– Zusammenarbeit in der Community 58
Controlling IT-Systeme 34
– Bedeutung 34
– Elemente und Maßnahmen zur Verbesserung 42
– Status quo in deutschen Großkonzernen 35
– Stringente IT-Systemgestaltung 36
– Unterstützung der Investition 39
– Unterstützung der Planung 38
– Unterstützung des Reportings 41
Controllingverständnis 10
– Informationsversorgung 11
– Koordination 11
– Planung und Kontrolle 11
– Rationalitätssicherung 11

e
Erfolgsfaktoren 33
– Datenbasis 34
– Kommunikation 52
– Standardisierung/Klare Vorgaben 43

f
Formalisierungsgrad 16

o
Organisationsform 13
– Dezentral 13
– Dotted-line 14
– Einflussfaktoren 15
– Zentral 13

r
Richtlinien 43
– Maßnahmen 50
– Mechanismen zur Verbreitung 48
– Qualitätssicherung 45
– Regelungsintensität 46
– Situation in deutschen Großkonzernen 45
– Transparenz 44

u
Unterstellungsformen 13

z
Zusammenarbeit der Controllingabteilungen 21
– Investition 26
– Planung 22
– Reporting 29

In eigener Sache

Ein zentrales Ziel des Instituts für Management und Controlling besteht darin, neueste theoretische Erkenntnisse in die Praxis zu tragen. Dies erfolgt in Vorträgen, Workshops, Arbeitskreisen und im CCM (Center for Controlling & Management), in dem namhafte Großunternehmen mit wissenschaftlichen Mitarbeitern und Studenten eng zusammenarbeiten. Über die Ergebnisse dieser Arbeit wird regelmäßig in der Schriftenreihe Advanced Controlling berichtet. Der Lehrstuhl von Prof. Dr. Dr. h.c. Weber ist seit 2008 Teil des neu gegründeten Instituts für Management und Controlling und arbeitet schon mehr als 15 Jahre eng mit CTcon, einem Spin-off der WHU, zusammen. CTcon ist ein auf Unternehmenssteuerung und Controlling spezialisiertes Beratungs- und Trainingsunternehmen. Seit Jahren setzen führende Konzerne und bedeutende öffentliche Organisationen erfolgreich auf die kompetente Unterstützung von CTcon. Dabei werden die theoretischen Erkenntnisse des Instituts konsequent in innovative Lösungen für die Unternehmenspraxis umgesetzt. Eine gemeinsame praxisbezogene Forschung und ein ständiger fachlicher Gedankenaustausch sind ebenso selbstverständlich wie die Zusammenarbeit in der Hochschulausbildung sowie in maßgeschneiderten Inhouse-Seminaren.

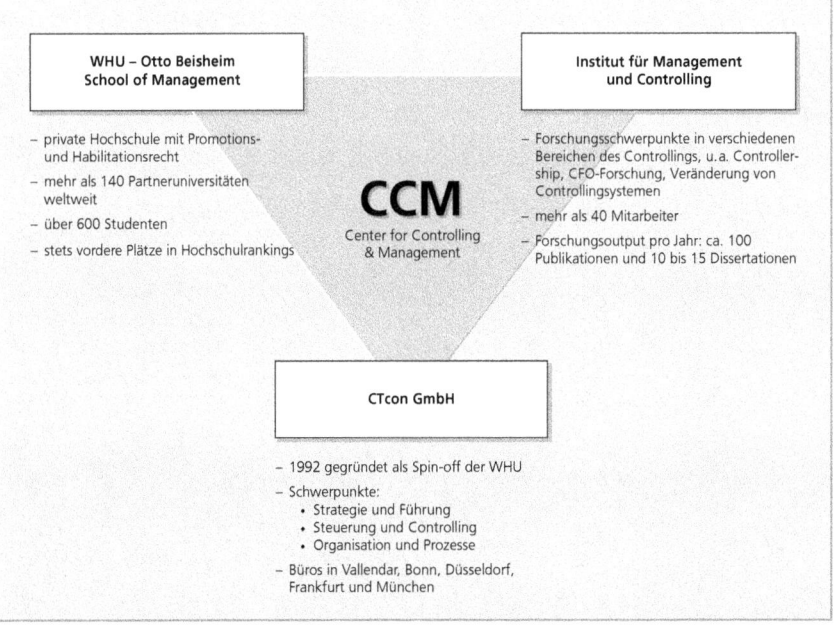

www.ingramcontent.com/pod-product-compliance
Lightning Source LLC
LaVergne TN
LVHW082021260326
834688LV00062B/1122